GENS SINGULIERS

Paris. — Imp. Émile Voitelain et Cⁱᵉ, r. J.-J. Rousseau, 15.

LORÉDAN LARCHEY

GENS
SINGULIERS

Castellane,	Chodruc-Duclos,
Egerton,	Pierre le Grand,
Malherbe,	Berbiguier,
Lamothe,	Bertron,
Brunoy,	Condé,
Guyard,	Marey-Monge,
Grimod,	Santeuil,
Danielo,	Journet,
Souworow,	Saint-Cricq,
Doudeauville,	Lutterbach.

PARIS

F. HENRY, 12, GALERIE D'ORLÉANS

PALAIS-ROYAL

A M. EDMOND POINTEL

Directeur du *Monde illustré*

Dans le monde du journalisme comme dans les autres, on répète volontiers que, sans relations, il n'est possible d'arriver à rien.

Grâce à vous, Monsieur, j'affirmerai désormais que ce dicton, désolant pour les travailleurs casaniers, souffre des exceptions heureuses, car, sans m'avoir jamais vu, vous m'avez appelé à la Rédaction du journal où les notices qui composent ce livre ont paru pour la première fois.

Je ne fais donc que remonter de l'effet à la cause en vous priant d'agréer la seule dédicace que je me sois permise en ma vie littéraire ; — une vie déjà longue de quinze années.

Me sera-t-il permis d'ajouter que les sentiments d'estime inspirés par votre personne doublent encore le plaisir que l'auteur éprouve à se déclarer ici

Votre reconnaissant

LORÉDAN LARCHEY.

14 décembre 1867.

AVANT-PROPOS

A mon sens, l'épithète de *singuliers* revient de
droit à tous les personnages qui, par goût ou par
calcul, s'écartent habituellement des conventions
sociales de leur époque.

Chaque siècle et chaque caste ont eu leurs gens
singuliers ; pour peu qu'on examine ceux-ci de près,
il est aisé de voir qu'ils forment un vrai monde où
se retrouvent toutes les variétés intellectuelles qui
nuancent la grande famille humaine. On ne saurait
croire combien d'hommes remarquables se sont
abandonnés aux bizarreries qui sont le seul titre de
tant de simples maniaques à l'admiration de leur
postérité.

Le champ dans lequel je m'aventure aujourd'hui
est donc beaucoup plus vaste qu'il ne paraît d'abord.
Aussi la richesse de matériaux que je suis loin
d'avoir épuisés a-t-elle influé sur la composition de
mon œuvre. N'osant tout donner d'un coup, j'ai
fait un choix, j'ai formé une sorte d'avant-garde re-
crutée à dessein parmi les types de toutes tailles et

de toutes dates. Si l'accueil qui leur est fait permet de faire marcher ma réserve, alors seulement pourrai-je, avec quelque certitude, aborder le côté psychologique qu'on ne saurait négliger dans l'étude d'un semblable sujet.

Sinon, il me restera du moins le plaisir d'avoir évoqué, en temps utile, la mémoire des hommes qui ont eu le courage de leur originalité. De tels souvenirs ne sauraient être trop rappelés à une société comme la nôtre, qui marche à si grands pas vers l'absolu dans l'uniformité.

A la seconde moitié de ce siècle, il paraît, en effet, réservé de justifier une définition qui n'a point vieilli, bien qu'elle ait au moins trente ans :

« Les Français sont comme ces vieilles pièces de monnaie qui, à force de passer de main en main, ont perdu leur empreinte et leur millésime. »

SOURCES CONSULTÉES

LE MARÉCHAL DE CASTELLANE. P. 1-10. — *Figaro* : deux anecdotes. (p. 3 et 10). Le reste est dû à des renseignements particuliers.

SIR EGERTON. P. 11-20. — *Chronique indiscrète du dix-neuvième siècle* (par Lahalle, Regnault-Warin et Roquefort). Paris, 1825, in-8. — Un bon article publié par Villenave dans la *Biographie Michaud.*

MALHERBE. P. 21-28. — *Les Historiettes* de Tallemant Des Réaux et les *Œuvres* de Racan.

M. DE LAMOTHE. P. 29-30.

M. DE BRUNOY. P. 31-40. — *Mémoires secrets* de Bachaumont Jeannest Saint-Hilaire ; *Brunoy et ses environs.* Paris, 1849, in-12.

ADOLPHE GUYARD. P. 41 à 45. — *Lettres I-IV aux gens de Frotey.* Paris, 1863, quatre in-12.

GRIMOD DE LA REYNIÈRE. P. 46 à 63. — *Mémoires secrets* de Bachaumont. *Souvenirs de deux anciens militaires* (par M. de Fortia). Paris, 1817, in-12. — P. Lacroix. *Histoire des mystificateurs* (journal *le Pays*). — Monselet. *Originaux du dix-huitième siècle.* Paris, Michel Lévy, in-12.

DANIELO. P. 64 à 67.

LE MARÉCHAL SOUWOROW. P. 68 à 81. — Guillaumanches du
Boscage. *Précis historique sur le célèbre feld-maréchal
comte Souworow*. Hambourg, 1808, in-8.

M. DE DOUDEAUVILLE. P. 82 à 87.

CHODRUC-DUCLOS. P. 88 à 98. — *L'Homme à la longue barbe*
(par Eliçagaray et Amic). Paris, 1829, in-8. — *Les Fous célèbres*. Paris, Renault, 1835, in-12. — *Encyclopediana*,
Paulin, 1843.

PIERRE LE GRAND. P. 99 à 118. — De Stœhlin. *Anecdotes sur
Pierre le Grand*, trad. Perrault et Richou. Strasbourg,
1787, in-8.— P.-Aug. Galitzin. *La Russie au dix-huitième
siècle*. Paris, Didier, in-8. — Duclos. *Mémoires secrets*.

BERBIGUIER. P. 119 à 126. — *Les Farfadets ou tous les démons
ne sont pas de l'autre monde*. Paris, 1822, trois in-8. —
Les Fous célèbres. Paris, Renault, 1835, in-12.

BERTRON. P. 127-136. — Ses *Œuvres*. — *Revue anecdotique*,
ancienne série.

M. LE PRINCE. P. 137 à 145. — *Mémoires* de Saint-Simon. —
Mémoires du duc de Richelieu. Paris, 1829, in-8 (rédigés
par Lamothe-Langon, d'après les *Mémoires* publiés par
Soulavie).

LE GÉNÉRAL MAREY-MONGE. P. 146 à 149.

SANTEUIL. P. 150 à 172. — Dinouart. *Santoliana*. Éd. de 1764.
— *Souvenirs du président Bouhier*. Paris, 1866, in-12.

JEAN JOURNET. P. 173 à 185. — Champfleury. *Les Excentriques.*
2ᵉ édition.— *Chant harmoniens* de Jean Journet. Préface
— *Revue anecdotique.* Ancienne série.

SAINT-CRICQ. P. 186 à 197. — Journaux : *le Figaro, la Semaine,
le Diable boiteux de* 1857, *la Gazette de Paris.*—Roger de
Beauvoir. *Les Soupeurs de mon temps* (journal *l'Étincelle*).
— Ch. Yriarte. *Les Célébrités de la rue.* Paris, 1864,
in-8.

LUTTERBACH. P. 198 à 216. — Ses *Œuvres.*— *Revue anecdotique,*
ancienne série.

LES

GENS SINGULIERS

LE MARÉCHAL DE CASTELLANE

Fidèle à mon titre, je ne verrai, dans le maréchal de Castellane, que ses singularités. Elles étaient, on le sait, compensées par des qualités précieuses. On peut dire que, s'il n'eut pas l'occasion de diriger une grande guerre, le maréchal savait, ce qui est beaucoup, former des troupes capables de la soutenir. Tous ceux qui ont fait la longue et dure campagne de Crimée savent qu'un régiment arrivé de l'armée de Lyon était plus aguerri que tout autre. Très-probe, très-solide en amitié; sous une apparente sécheresse, le maréchal se recommandait aussi par une indépendance complète, un dégagement absolu de toute influence, de toute coterie. Il ne connaissait que son devoir, et il ne voulait relever que du principe devant lequel il faisait plier ses inférieurs.

En fait d'excentricité, sa réputation est faite. Néanmoins, qu'on ne s'attende pas à voir mettre à sa charge des bizarreries énormes. Grâce à des in-

formations minutieuses, j'ai pu me dispenser de re-
produire ici plus d'un conte fait à plaisir, comme
celui du maréchal prenant son bain avec un cordon
de la Légion d'honneur en fer-blanc, pour ne pas
se séparer de ses insignes. La première édition de
ce ridicule date du dix-huitième siècle; on la retrouve dans les *Mémoires de Bachaumont*.

C'est le commandement de l'armée de Lyon qui
a surtout mis en relief le grand mobile du maréchal, c'est-à-dire son invincible attachement à tout
ce qui pouvait rehausser l'esprit militaire en un
temps où il était fort menacé.
De là sa préoccupation excessive de l'uniforme.
En garnison dans une grande ville, les officiers se
sécularisent volontiers, et, en dehors du service,
l'habit bourgeois est presque toujours toléré. Le
commandant de l'armée de Lyon réagit contre cette
coutume d'une façon telle que ses exigences sont
restées fameuses. Les généraux eux-mêmes ne purent plus, selon leur habitude, soustraire leurs
chapeaux galonnés et leurs écharpes d'or à la ba-
dauderie du vulgaire. S'ils étaient en route, il fallait
rester confiné tristement dans une chambre d'hôtel
ou montrer aux curiosités lyonnaises une paire d'é-
paulettes étoilées de plus. Et comme, en fin de
compte, il n'est pas défendu d'aimer l'étude de
mœurs à tous les âges et dans tous les grades, on
vit parfois des officiers très-supérieurs confondus
avec de simples pierrots dans les bals masqués de
l'Alcazar.

Au besoin, le maréchal faisait la police lui-même. On rapporte que, certain jour, il héla un officier en robe de chambre accoudé sur le balcon de sa fenêtre :

« Capitaine, descendez de suite ! j'ai à vous parler. »

Le candide capitaine descend bien vite sans changer de costume, et il s'entend donner huit jours d'arrêt pour avoir paru en robe de chambre sur la voie publique.

Au fond, ce capitaine était un maladroit. Bien qu'il ait vivement excité la commisération publique, son sort m'émeut moins que celui des innocentes victimes de la police féminine du maréchal. — Celle-ci faisait rage. Fidèle aux traditions du siècle de Louis XV, M. de Castellane avait recruté quelques agents parmi les femmes légères ; leur œil américain était particulièrement chargé de dépister les officiers en contravention. Vénus trahissait Mars, dès que celui-ci abandonnait son casque.

Tous les matins, cette brigade de sûreté arrivait au rapport, et les jours d'arrêt de pleuvoir comme grêle sur les délinquants.

Derrière beaucoup de ces délations, il y avait, on s'en doute bien, une petite vengeance, quand il n'y avait pas de mensonge. Ceux qui se sentaient le plus injustement frappés accouraient demander justice.

« Monsieur le maréchal, je vous assure que...

— On vous a vu en bourgeois.

— Qui m'a vu ? Je demande une confrontation. »

.Confrontation impossible, — car souvent.la dénonciation partait d'une bouche qui, la veille, avait
joué un tout autre rôle. Le maréchal s'en tirait
alors en demandant un serment solennel qu'on lui
donnait plus ou moins.

A la fin, le scandale finit par devenir tel, que des
explications sérieuses furent demandées à M. de
Castellane par le sénateur Vaïsse.

Lorsqu'il allait à Paris, le maréchal endossait
cependant une tenue de *pékin*, mais il partait en uniforme dans son wagon spécial et ne changeait d'effets qu'en franchissant la limite de son commandement.

Le maréchal payait bravement tribut à son règlement. Il était inséparable de ses décorations, de
son chapeau à plumes blanches, de son habit
brodé, et même de ce bâton que les maréchaux ne
portent guère ailleurs que dans leurs portraits.
Une visite non officielle ne retranchait rien du cérémonial accoutumé ; seulement, il se contentait de
confier le fameux bâton à un officier qui l'attendait
à la porte.

Non content de ressusciter le port du bâton de
commandement, le maréchal avait fini par lui faire
accomplir des exercices particuliers. Ainsi, aux
jours de grande revue, quand les officiers généraux
et supérieurs placés sous ses ordres défilaient à la
tête de leurs corps respectifs, il répondait au salut
de chacun en faisant bondir adroitement son bâton
dans sa main. Le saut était proportionné à l'im-

portance du grade, et rappelait, dans des proportions infiniment restreintes, les évolutions savantes que les tambours-majors de la grande école font exécuter à leurs cannes.

J'ai dit que le maréchal payait, le premier, tribut à son règlement. — Ainsi, toujours à propos d'uniforme, on lui soutenait qu'un officier revêtu des insignes de son grade pouvait être insulté ou attaqué s'il passait seul dans un quartier suspect. Pour mettre l'objection à néant, le maréchal partit seul dans sa tenue la plus éclatante ; il alla visiter, au petit pas, la Croix-Rousse et les autres points signalés comme dangereux. Il en revint intact et fort d'un argument de plus.

On connaît aussi l'histoire de ce barbier démocratique qui disait à un client :

« Ah ! si je tenais Castellane comme je vous tiens, son affaire serait faite. »

Le propos est rapporté au maréchal qui arrive incontinent prendre place chez son futur bourreau.

« Allons ! rasez-moi ! dit-il en se caressant le menton, je suis curieux de savoir comment vous vous y prendrez pour me couper le cou. »

Le pauvre frater se contenta de l'écorcher... et encore ce fut sans préméditation.

Tous les jours, il avait pris l'habitude d'aller se promener à Bellecour ; il s'y rendait à cheval, bien que son quartier général fût tout voisin. Une fois arrivé, il mettait pied à terre et se promenait gravement, escorté par une légion de gamins qui

n'avaient pas assez d'yeux pour le contempler.
Le maréchal se laissait faire...

Seulement, quand ses jeunes admirateurs le serraient de trop près, il prenait les plus avancés par l'oreille en disant :

— Va-t'en, toi ! tu m'as assez vu !

En un jour de bonne humeur, il envoya toute la bande à l'assaut d'une boutique de pâtisserie... et il paya les frais du pillage. Les attroupements n'en furent pas diminués, comme bien on pense.

Il faut dire que cette curiosité enfantine était partagée par tous ceux qui le voyaient pour la première fois. On ne saurait rendre l'impression produite par l'aspect de ce corps grêle, vrai squelette, sur lequel habit et culotte plissaient à l'envi, par la vue de cette tête décharnée, mais éclairée par deux petits yeux brillant sous un chapeau à cornes posé carrément *en bataille* comme celui de la gendarmerie actuelle et comme celui des anciens maréchaux d'empire qu'il avait sans doute voulu prendre pour modèle.

Lors de sa promenade quotidienne sur la place Bellecour, — où, par parenthèse il avait l'habitude de lorgner les dames d'excessivement près, — une habitude invariable du maréchal était de placer une pièce de cinquante centimes dans la main du sous-officier chargé de tenir son cheval. Tous les sous-officiers français n'acceptent pas de pourboire, mais les plus blessés dans leur dignité se voyaient forcés de garder les cinquante centimes devant l'insistance de M. de Castellane, qui disait alors :

« Vous en ferez ce que vous voudrez. »

Il eût rougi de faire des économies. La dépense était pour lui une des fonctions de son grade.

A Lyon, ses bals étaient fort beaux, mais ils se distinguaient par une étrangeté digne de trouver plus d'imitateurs. Ils commençaient de bonne heure et finissaient à minuit. Pas une minute de grâce! On éteignait les lustres, et, malgré les prières des jolies femmes, on faisait évacuer les cotillonneurs récalcitrants.

Autre détail. Quel que fût le nombre de ses invités, le maréchal n'admettait jamais qu'on se présentât sans lettre d'admission. Fût-on amené par son meilleur ami, fût-on connu déjà de lui-même sous les meilleurs rapports, on était sûr d'être mis sèchement à la porte.

Vis-à-vis des dames, la munificence du maréchal se manifestait par des dons bizarres, composés invariablement de petits foulards et de bâtons de sucre de pomme qu'il tirait de sa poche, et qu'il offrait avec une grâce parfaite.

Il y avait des bâtons de diverses grosseurs selon les grades des maris.

Qu'est devenu le manuscrit des mémoires du maréchal de Castellane? Ils existaient bien réellement de son vivant, car leur héros les emportait volontiers chez ses intimes pour en lire un chapitre à l'occasion. Tous les actes de sa vie y étaient expo-

sés avec une franchise militaire; et, comme le maréchal avait été *housard* et grand ami des dames, il
se livrait parfois à des confidences dont la lecture
était mal placée dans certains salons peuplés de
jeunes filles. Mais le lecteur n'y regardait pas de si
près, et il fallait pour l'arrêter toute l'autorité des
mères de famille.

L'esprit gaulois se reflétait aussi dans sa conversation d'une façon parfois un peu vive. Il arrivait
même que le geste remplaçait la parole. Toutes les
dames ne s'en accommodaient pas.

Chez Mme Z....., — à un dîner de cérémonie, —
le maréchal laisse choir sa serviette; il plonge la
main sous la table pour la ramasser. Le mollet de
la maîtresse de la maison se trouvait, paraît-il, trop
près de la serviette, car Mme Z... sentit que le voisinage avait des inconvénients. En femme d'expérience, elle parut ne s'apercevoir de rien. Seulement au dîner suivant, elle prit ses mesures, et dès
que la serviette du maréchal tomba, un domestique
aposté la remplaça respectueusement. Cette attention délicate démonta le maréchal qui dit d'un air
assez maussade :

« En vérité, madame, c'était inutile. J'allais la
ramasser.

— Par exemple, c'est ce que je n'aurais pas souf-
fert. Vous êtes coutumier du fait et, si agile que
vous soyez, je me rappelle que vous êtes resté la
dernière fois beaucoup trop longtemps en route. »

Comme tout homme *né*, il y avait certains man-

ques d'éducation auxquels le maréchal ne pardon-
nait pas, si peu importants qu'ils fussent. Parmi les
notes particulières d'un officier peu élevé, il mettait
par exemple :

A table, il coupe son pain avec son couteau.

Il me revient, à ce sujet, une plaisante histoire.

Un brave officier, appelé un jour à la table de
M. de Castellane, s'était mis en devoir, sitôt assis,
d'obéir à certaines habitudes de propreté, admissi-
bles seulement au restaurant. Armé de sa serviette,
il avait saisi son verre et il l'essuyait minutieusement, lorsque le maître de la maison remarqua ce
manége.

« Faites changer le verre du capitaine *** ! » dit-il
au maître d'hôtel.

L'ordre s'exécute.

A peine le soigneux *** a-t-il reposé son hanap
qu'il le voit en effet remplacé par un autre. Il res-
saisit sa serviette et il en joue de plus belle.

« Vous ne donnez donc que des verres sales au
capitaine ***, murmure le maréchal... Allons ! faites
changer ! »

Même manœuvre... Même surprise et même obs-
tination de notre essuyeur.

Le maréchal ne se lasse pas ; il ordonne un troisième changement.

Pour le coup, le méticuleux *** n'y tient plus et se
retournant vers le valet au moment où celui-ci vient
de lui glisser son quatrième verre, il s'écrie indigné :

« Ah çà ! on veut donc me donner à essuyer tous
les verres de la maison ! »

Un trait d'esprit pouvait seul désarmer la rigueur militaire du maréchal. Je dois rappeler à ce sujet le fait suivant qui est resté célèbre.

On sait combien M. de Castellane prenait la petite guerre au sérieux. Tous ses hommes devaient y mettre autant d'ardeur que si on avait eu l'ennemi en face. Pendant un simulacre de siége du fort de la Vitriolerie, on prétend qu'il envoyait chaque jour au ministre les rapports les plus minutieux de ses opérations, citant les corps qui s'étaient fait remarquer par leur aplomb et leur vigueur.

Un jour, revenant de la tranchée par une chaleur excessive, peu satisfait d'ailleurs de la conduite des assiégeants qui lui semblaient mollir, il avait distribué à droite et à gauche quelques bonnes bourrades. Tout à coup, deux voltigeurs lui apparaissent à l'ombre d'un arbre sous lequel ils goûtaient, mollement étendus, les douceurs de la position horizontale.

La vue de ces lâches révolte le maréchal qui crie d'un ton courroucé :

« Que faites-vous là? Pourquoi n'êtes-vous pas au feu avec votre compagnie?

— Pardon, excuse! mon maréchal, fait un des voltigeurs... que nous sommes ici pour faire les morts. »

Le vieux guerrier ne put s'empêcher de rire, et les deux morts rejoignirent leurs camarades sans être suivis par huit jours de prison.

SIR EGERTON

Sir Francis Henry Egerton fut l'un des premiers Anglais qui établirent à Paris cette belle réputation d'excentricité si bien méritée depuis par nombre de ses compatriotes.

Ayant d'occuper l'hôtel de Noailles, où il mourut, sir Francis, — car on l'appelait ordinairement ainsi, — logeait à l'hôtel Richelieu, carrefour Gaillon.

Mû par un esprit d'ordre qui a son bon côté, il faisait chaque matin appeler ses trente valets et son hôte. Gages et loyer leur étaient payés séance tenante, ainsi que la dépense de la veille.

Très-intelligent sous beaucoup de rapports, sir Francis paraissait imbu des préjugés du moyen âge où l'on faisait en règle le procès d'une truie coupable d'avoir dévoré un enfant. Un matin, le cheval de son cabriolet s'abat. En proie à une indignation concentrée, sir Francis se recueille avec la gravité d'un président de cour, puis il notifie, dans la rue, son arrêt au cocher ::

« Pendant un mois, cet animal sera privé de l'honneur de me servir. Ramenez-le à l'écurie, dont vous boucherez tous les jours, afin que l'ennui ajoute encore à la punition que je lui inflige ! »

Et, sans vouloir remonter dans le véhicule, sir Francis alla dans un restaurant voisin attendre l'arrivée de sa calèche.

Longtemps, il eut la passion des roquets.

Armés d'un collier d'argent à double rang de grelots, ils avaient leurs grandes entrées au cabinet et au salon; ils figuraient dans toutes les promenades du maître. C'était un spectacle réjouissant de voir deux valets de chambre guider milord jusqu'à la portière de sa voiture, tandis que quinze grands laquais, chacun portant un chien sur les bras, venaient tour à tour le placer aux côtés du maître.

Deux de ces bêtes étaient chéries entre toutes, elles avaient nom *Bijou* et *Biche*. Seules, elles pouvaient se vanter d'avoir été admises à la table seigneuriale. Insigne honneur qui devait être suivi d'une non moins éclatante disgrâce !

Sir Francis dînait seul. Ennuyé de ne point voir ses commensaux ordinaires, il ordonne de faire asseoir *Bijou* et *Biche*. Deux valets attachent la serviette des invités et veillent à ce qu'ils aient leur part de chaque service. La chère fut abondante, et nos deux roquets se gorgèrent, comme deux animaux qu'ils étaient. Poussé de nourriture, Bijou ne tarda guère à ressentir un besoin des plus impérieux.

Comme toujours et comme partout, les valets
détestaient ces favoris auxquels, en arrière du maître, ils donnaient plus de coups que de caresses.
Or, les préoccupations pénibles de Bijou n'avaient
pas échappé à son malicieux serviteur, qui, au lieu
de l'emporter, lui serra méchamment le ventre sous
le prétexte de le remettre d'aplomb sur son fauteuil.
A cette pression fatale, Bijou ne fut plus maître
de se contenir... Un hurlement plaintif lui échappa
et son siége fut... complétement déshonoré.

Comment donner une idée de la colère de sir
Francis! Il demande un fouet de poste et tombe sur
ses invités saisis d'effroi. Ceux-ci se coulent sous la
table, et, grâce à l'exiguïté de leur taille, grâce aussi
aux jambes paralysées de leur maître, ils échappent
au châtiment.

Épuisé, sir Francis se laisse retomber sur son
fauteuil, en demandant sa *consolation*. Cette *consolation* était un vaste flacon rempli de madère sec.
Trois ou quatre verres de ce liquide généreux le
ramènent à des sentiments plus humains. Cependant, justice sera faite, mais au lieu d'être, selon
leur attente, armés du fouet vengeur, les laquais
reçoivent l'ordre d'appeler le tailleur de l'hôtel et
d'apporter le galon qui distingue la livrée de milord.

Le tailleur accourt. Il est introduit.

« Vous voyez ces deux insolents, dit sir Francis
en indiquant Bijou et Biche, — prenez-leur mesure
d'une livrée. Qu'elle soit faite pour demain !

— Mais, milord.

« — Point de réplique!... Ces drôles ont osé me
manquer... Ils porteront l'habit jaune et la culotte
rouge de mes valets. Ils resteront avec eux à l'antichambre. Je les prive pendant quinze jours de l'honneur de me voir. »

La punition fut exécutée de point en point.

Un jour, sir Francis manifesta l'intention de
voyager. Ses équipages furent mis en état avec autant de soin que s'il eût été question de faire le tour
du monde. Enfin, on se mit en route. Mais à la
première halte, qui était Saint-Germain, le dîner
servi à milord lui parut si détestable qu'il fit rebrous-
ser chemin au postillon, et revint coucher à Paris
— d'où il ne sortit plus depuis.

Les douceurs de la propriété allaient d'ailleurs
lui rendre la grande ville plus chère que jamais.
L'hôtel de Noailles avait été mis en vente. Sir
Francis le paya huit cent mille francs, et il s'y ins-
talla si bien qu'il ne voulut plus le quitter. Plus tard,
on fit tout pour l'en déposséder. Il fut inébranlable.

Aux Cent-Jours, un ministre de l'Empereur voulut s'installer à l'hôtel de Noailles. Sir Francis pro-
testa devant Napoléon qui fit droit à sa requête. De
même il refusa jusqu'à sa mort, d'élever au bout de
son parc, qui touchait à la rue de Rivoli, une maison
qui fût en harmonie avec l'ordonnance monumen-
tale de cette voie nouvelle.

Après Waterloo, ce fut un autre embarras. On
prévint sir Francis qu'il eût à loger le prince de

Cobourg. Sir Francis ne s'en émut pas. Seulement, il donna l'ordre à ses gens de retenir le prince au bas de l'escalier en disant qu'il tenait à le recevoir lui-même.

Les instructions furent suivies. Peu d'instants après l'arrivée du prince, sir Francis parut en effet sur la dernière marche de son grand escalier. Après les saluts d'usage, il prononça ces paroles :

« Dans ma jeunesse, j'ai parcouru toute l'Allemagne. Les princes de cette vaste contrée m'ont fait accueil à leur cour. Je voyageais comme doit le faire un bon gentilhomme anglais, avec une suite de six voitures et de vingt domestiques. Je ne logeais que dans les auberges où je payais comme un homme de mon rang. Prince, je me souviens d'avoir dîné avec votre père ; mais j'aurais rougi de me présenter chez lui si je n'y avais pas été invité. Je suis étonné d'apprendre qu'un homme comme vous vienne ici s'emparer de ma maison. Je n'aurais jamais attendu cela d'un Cobourg ! »

Son discours terminé, sir Francis fit une salutation nouvelle et reprit avec dignité le chemin de ses appartements, tandis que, déconcerté par cette réception singulière, le prince prenait poliment le parti de la retraite.

Un aide de camp de l'empereur de Russie ne tarde pas à succéder au prince allemand, mais il ne se montre pas aussi facile. Il persiste et menace d'employer la force. Sir Francis harangue de plus belle :

« Je ne me serais jamais attendu à de pareils procédés de la part d'un gentilhomme russe. Vous n'êtes plus qu'un brigand à mes yeux. Attendez-vous à devoir faire le siége de cette maison. Je vais en faire fermer les portes et me rendre sur le balcon avec tous mes gens. Nous serons armés de fusils. Je passe pour excellent tireur et je saurai vous reconnaître. »

L'affaire s'arrangea encore, car on savait que sir Francis était homme à risquer sa vie, comme il le disait. Il y gagna d'être le seul riche propriétaire qui ait été, en ces temps difficiles, exempt de loger des étrangers.

Ses dîners étaient renommés pour leur magnificence. Mais n'oublions pas de dire que le menu comportait invariablement un plat de pommes de terre bouillies à l'eau et un morceau de bœuf salé d'Irlande, plat national, dont sir Francis vantait toujours la saveur et auquel ses invités ne manquaient point de toucher par courtoisie.

Les convives de sir Francis furent d'abord choisis dans l'élite intellectuelle du monde parisien. Le nombre s'en réduisit bien vite, car l'amphitryon ne mettait pas son monde à l'aise. Ses manières étaient brusques, il s'impatientait à tout propos et, bien que bon philologue, il se faisait difficilement comprendre.

Très-courtois d'ailleurs, il ne manqua jamais de rendre une visite due. Seulement, sa paralysie donnait à cette visite une tournure particulière. Il arrivait à la porte dans sa voiture de gala. Le cocher arrêtait les chevaux, le valet de pied ouvrait la portière et le chasseur recevait des mains de sir Francis une carte de visite sur laquelle étaient écrits ces deux mots : *En personne.*

Une fois cette carte remise à son adresse, la visite était censée faite et la voiture repartait au trot.

Tout infirme qu'il était, sir Francis trouvait encore moyen de fêter la Saint-Hubert. Son capitaine des chasses achetait quelques centaines de lapins dans la banlieue, pareil nombre de pigeons et de perdreaux chez les oiseleurs, et on lâchait le tout dans les trois arpents du parc de l'hôtel. Vêtu d'une veste, de culottes de peau, de longues guêtres, armé de sa carnassière et de ses poires à poudre, le chasseur paralytique tirait, appuyé sur trois piqueurs, dont deux maintenaient son corps dans une position verticale, tandis que le troisième soutenait les bras à l'instant du feu. Chaque coup heureux était annoncé à son de trompe par deux autres piqueurs.

Après deux heures de carnage, tous les tireurs rejoignaient un pavillon de l'hôtel appelé, pour la circonstance, le *rendez-vous de chasse.* Là, chacun prenait sa part d'un déjeuner magnifique, exclusivement composé de gibier et de poisson. Puis, des fanfares nouvelles annonçaient la seconde partie des exercices, et on recommençait de plus belle à massacrer ces pauvres oiseaux dont les ailes étaient coupées et ces lapins domestiques qui se précipitaient dans les jambes des chasseurs au lieu de les fuir...

Le soir, il y avait un second repas de gibier, sans préjudice d'une belle bourriche offerte à chacun des assistants... en attendant la Saint-Hubert de l'année suivante.

De toutes ces excentricités, il ne faudrait pas conclure que lord Egerton fût un fou. C'était, au contraire, un homme dont la science était peu ordinaire. Il possédait beaucoup de langues; il était surtout bon helléniste; sa traduction de l'*Hippolyte* d'Euripide est encore estimée. Toujours occupé du soin de parfaire ses œuvres, il les faisait tirer à très-petit nombre, les distribuait seulement à certaines personnes, sans en permettre la vente, et il ne manquait pas d'écrire sur chaque exemplaire d'une seconde édition : *La première est bonne à brûler.*

La fortune de lord Egerton permettait tous les caprices, car il avait, à sa mort, soixante-dix mille livres sterling (dix-sept cent cinquante mille francs de rente).

Exilé de Londres à la suite d'une affaire scandaleuse, il n'avait perdu cependant aucun des grands bénéfices que lui valait sa position dans le clergé anglican. S'il ne recevait jamais de compatriote, il n'en conserva pas moins un vif amour pour son pays, qu'il dota, par testament, d'une bibliothèque superbe et complétement installée, laissant en outre, vingt-cinq mille francs par an pour les frais d'en—

tretien et cinq mille francs d'appointements pour le conservateur...

« La collection d'autographes et de pièces origi-nales de cette bibliothèque avait une renommée européenne. Elle avait été formée à Paris même par sir Francis, que son immense revenu mettait à même de ne manquer aucune occasion. Villenave affirme l'avoir vu payer 25 guinées un billet écrit par Marat dans la baignoire où il venait d'être frappé. C'est ainsi que beaucoup de recueils précieux pour l'histoire de notre diplomatie ont passé à l'é-tranger, car, par une autre singularité, notre collec-tionneur ne conservait rien de ses acquisitions. Dès qu'il avait assez de pièces pour former quelques vo-lumes, il les faisait aussitôt passer en Angleterre. C'est ainsi que nous avons perdu les procès-ver-baux des États de Blois, la correspondance d'Henri IV et d'Elisabeth, et celle de presque tous les amba's-sadeurs de Louis XIV.

Le catalogue seul du musée Egerton se compose de 60 volumes in-folio. Trois articles de ses statuts méritent d'être mentionnés.

« 1º Aucune pièce ne peut sortir présentement du musée, fût-ce pour sir Francis lui-même;

« 2º Quiconque voudra faire des recherches rendra compte de son but aux conservateurs;

« 3º Les curieux ne seront point admis. On ne communiquera aucune pièce à l'auteur d'un roman ou de tout autre écrit aussi futile; les gens de lettres qui affirmeront sous serment qu'ils écrivent l'his-toire, auront seuls droit aux communications. »

Entre autres particularités du testament de sir Francis, on remarquait une somme de deux cent mille francs à partager entre l'auteur et l'éditeur du meilleur ouvrage *sur la bonté, la sagesse et la puissance de Dieu prouvée par les monuments de sa création.* Il y avait aussi, pour toute sa valetaille, des legs qui devaient n'avoir pas d'effet s'il succombait assassiné ou empoisonné.

Il mourut de *sa belle mort,* le 12 février 1829, et un corbillard attelé de quatre chevaux reconduisit en Angleterre ce pseudo-Parisien.

MALHERBE.

Oui, Malherbe le pur, Malherbe le classique, le Malherbe de Boileau pour tout dire, fut un homme très-singulier, et il mériterait d'être dénoncé comme tel, rien qu'à cause du mépris qu'il affectait pour la valeur de son talent. Un jour, Bordier se plaignait chez Racan de l'insuffisance des encouragements donnés aux lettres. Il paraît qu'on n'a jamais négligé de se plaindre de ces choses-là.

« Sottise, monsieur! — interrompt Malherbe, — peut-on faire métier de rimeur pour en espérer autre chose que son propre divertissement! Un bon poëte n'est pas plus utile à l'État qu'un bon joueur de quilles. »

La société française n'avait cependant guère plus de deux siècles devant elle pour voir un poëte à la tête du gouvernement. Quelle mine eût faite le vieux Malherbe en voyant Lamartine!

Du reste, l'État semble s'être fait un plaisir malin de contredire Malherbe. Une seule ode au roi partant pour le Limousin lui valut mille livres de pension, l'entretien d'un cheval, d'un laquais, ainsi que la table du premier gentilhomme de la chambre, M. de Bellegarde: — C'était de la copie bien payée.

Quant au métier de rimeur, on doit dire que si c'était un divertissement pour Malherbe, il savait le faire durer d'une étrange façon. Le maintien définitif d'un mot lui représentait au moins deux jours de méditations; après l'achèvement de cent vers ou de deux pages de *vraie prose*, il déclarait qu'il fallait dix ans de repos.

Tallemant Des Réaux et Racan, qui sont ici mes autorités, s'accordent à dire que *trois années* furent employées à la confection d'une certaine ode au président de Verdun sur la mort de sa femme. Plus vif en besogne, celui-ci s'était remarié bien avant l'achèvement de cette funèbre poésie, et ce fut l'épouse nouvelle qui fut régalée des louanges de la défunte.

Lorsque Malherbe voulut dédier une autre ode à M. de Bellegarde, on assure qu'une demi-rame de papier fut absorbée par l'élaboration d'une seule stance.

Ce grand puriste n'en échappait point pour cela aux critiques. Ceux qu'il reprenait l'épluchaient à leur tour, et Des Yveteaux vint lui faire remarquer une fois dans le vers : — *Enfin cette beauté m'a la place rendue* — qu'il y avait un *ma la plà* d'une consonnance peu agréable à l'oreille.

Comme cela se passe d'ordinaire, le critique se

défendit en critiquant. — « Et vous, répliqua-t-il, vous avez bien mis *pa ra bla la fla*.

Moi? s'écrie Des Yveteaux. Vous ne sauriez me le prouver.

— Oui, poursuit le triomphant Malherbe, n'avez vous pas écrit : — *Comparable à la flamme...* »

La mort même lui fournit, dit-on, une dernière occasion de faire briller sa sévérité. Une heure avant d'expirer, il se réveilla comme en sursaut de l'état léthargique où il était tombé, pour reprendre un mot incorrect échappé à sa garde. Son confesseur lui en ayant à son tour fait réprimande, Malherbe dit qu'il n'avait pu s'en empêcher et qu'il avait voulu, jusqu'à la mort, maintenir la pureté de la langue.

Si sa religion grammaticale le fit toujours hésiter avant d'écrire un mot, il faut convenir qu'il ne faisait jamais attendre lorsqu'il s'agissait de parler. Ses reparties emportaient la pièce.

Au sortir du collège, un neveu lui rend visite. Il prend fantaisie à Malherbe de lui faire traduire quelques vers d'Ovide. Le neveu patauge, et l'oncle irrité lui fait ainsi entendre qu'avec ses neuf ans de classe, il n'est bon qu'à faire un soldat.

« Neveu, soyez vaillant, vous ne valez rien à autre chose. »

Invité à dîner par un ami, il arrive une heure avant des midi réglementaires. La porte lui est ouverte par un domestique ganté. Malherbe le toise en demandant :

« Qui êtes-vous, mon ami ?

— Je suis le cuisinier. »

Malherbe recule et s'en retourne en maugréant :

« Vertu-Dieu ! je ne veux point dîner chez un homme dont le cuisinier porte des gants à onze heures. »

Une fois à table, il n'en était point plus poli. Un jour, Regnier l'amène chez Desporte qui court aussitôt à sa bibliothèque et en rapporte un exemplaire de ses *Psaumes* avec prière de l'accepter. Malherbe, la cuiller en main, se contente de répondre qu'il a déjà vu les vers et que le potage vaut mieux.

Le dîner fut froid, comme bien l'on pense. Si les deux poëtes desserrèrent les dents, ce fut pour avaler, et ils se séparèrent pour ne plus se revoir.

A un autre repas, chez M. de Bellegarde, on sert un faisan rôti, avec ailes, tête et queue au naturel, selon la coutume. Malherbe se précipite sur ces appendices et les jette au grand désespoir du maître d'hôtel qui allait répétant : « Mais, monsieur, on va croire que c'est un chapon.

— Eh ! mort-Dieu ! qu'on y mette un écriteau.

Malherbe n'eût donné aucun encouragement aux cours de M. Stanislas Julien. On vantait devant lui les talents de Gaulmin pour l'étude des langues orientales. — « Il a fait le *pater* en carthaginois, disait-on.

— Eh bien ! je vais vous réciter le *credo* en la même langue. — Et il déclame aussitôt en un bara-gouin de fantaisie.

—.Vous vous moquez ! fait l'assistance étourdie.

— Je vous soutiens que c'est du carthaginois, ré-plique Malherbe, et je vous défie de me prouver le contraire. »

Certain président provençal avait fait sculpter une méchante devise sur sa cheminée, et croyant avoir fait merveilles, il disait à notre bourru : « Que vous en semble ?

— C'est plus bas qu'il fallait la mettre.

—.Comment plus bas ! Dans le feu donc ?

— Eh ! sans doute. »

Il faut dire que Malherbe avait en horreur les Méridionaux. On s'en aperçut bien le jour où M. de Bellegarde lui envoya demander s'il fallait écrire *dépensé* ou *dépendu*.

· «.*Dépensé* est plus français, répondit-il ; mais *pendu*, *dépendu* et *rependu*, voilà ce qui convient le mieux aux Gascons. «

Notez que le premier gentilhomme de la chambre était du Midi et que Malherbe avait grand sujet de le ménager. Mais le roi lui-même, qui en sa qualité de Béarnais, était un cousin de la Gascogne, ne le faisait point reculer.

On le verra par le trait suivant.

La cour de France, — on aurait peine à le croire aujourd'hui, — était divisée par une importante contestation. — Devait-on dire *cueiller* ou *cueillère?* De notre temps on a tranché la difficulté en disant *cuiller*, mais alors la langue indécise de nos femmes de ménages était encore celle du grand monde.

Henri IV, et tous ceux de sa suite qui étaient originaires des pays situés au-dessous de la Loire, tenaient pour *cueillère*, disant que le mot étant féminin, devait avoir une terminaison féminine.

A cela, le parti contraire opposait le mot *mer* qui se trouvait dans le même cas sans perdre l'*e* final.

Malherbe consulté se range du côté des gens du Nord, et, comme le roi ne paraît pas bien convaincu, il lui lâche cette belle semonce : — « Quelque absolu que vous soyez, vous ne sçauriez, sire, ni abolir ni establir un mot, si l'usage ne l'autorise. »

On voit que les académiciens ont toujours fait un peu d'opposition.

Malherbe avait une singulière manière de punir son domestique. Il lui donnait vingt écus de gages par an et dix sous par jour pour sa nourriture.— C'était, dit Tallemant Des Réaux, honnêtement pour ce temps-là. — Mais, quand il n'était pas satisfait de son service, il lui tenait le discours suivant :

« Mon ami, qui mécontente son maître, mécontente Dieu, et qui offense Dieu doit mériter son pardon en jeûnant et en faisant l'aumône. C'est pourquoi je vous retiendrai aujourd'hui cinq sols pour l'expiation de votre péché. »

Il fallait qu'au dix-septième siècle les valets eussent réellement du bon pour s'accommoder d'un pareil raisonnement.

Si Malherbe imposait l'aumône aux autres, il ne paraît pas avoir prêché d'exemple. Quand un pauvre lui demandait quelque charité en disant : « Je prierai Dieu pour vous. »

« Eh ! répondait-il, comment voulez-vous que Dieu fasse attention à vos prières ? Vous n'avez pas sur lui grand crédit. Regardez dans quel état il vous laisse. »

Sa fortune était d'ailleurs petite, et son mobilier modeste. Il n'avait pas plus de sept chaises de paille pour asseoir ses nombreux amis, et, quand elles étaient toutes occupées, — car on aimait à venir causer chez lui, — il n'ouvrait pas aux survenants et se contentait de crier bien haut :

« Attendez ! il n'y a plus de chaises ! »

Un jour cependant, il y eut festin au logis du poëte. Les sept chaises de paille furent occupées par sept convives et rapprochées d'une table sur laquelle fumaient sept chapons bouillis au gros sel : — Un chapon par tête ! C'était tout le menu. Comme on s'étonnait de cette ordonnance si simple et si prodigue, il s'expliqua :

« Que voulez-vous ? Vous êtes tous mes amis, et vous avez tous droit aux mêmes égards. Pouvais-je balancer vis-à-vis de chacun entre l'aile et la cuisse ! »

C'était un frileux célèbre. Il avait toujours les
jambes gelées et il en était venu à chausser tellement de bas, que, pour n'en pas mettre plus à une
jambe qu'à l'autre, il les comptait, en laissant tomber des jetons dans une écuelle. Une fois la jambe
gauche munie, il n'avait plus qu'à reprendre chaque
jeton pour venir à bout de la droite. — Ce mode était
compliqué. Sur les conseils de Racan, Malherbe le
simplifia en faisant broder sur chaque paire une
lettre de l'alphabet. C'était une sorte d'alphabet-
Réaumur, et, par un grand froid, on entendit Malherbe se vanter d'en avoir jusqu'à l'L.

Et pourtant, Dieu sait s'il se chauffait! La vue
d'un foyer flambant le rendait fou, et, une fois, il
culbuta deux gros chenets qui représentaient, selon
la mode du temps, des satyres barbus, en disant :

« Comment! ces gros bougres se chaufferont à
leur aise tandis que je meurs de froid. »

LE GÉNÉRAL DE FANTAISIE

Jusqu'à l'année 1867, époque de sa mort, on a vu, dans le centre de Paris, se promener à pas lents un vieillard étrange. Au premier coup d'œil on se disait : Voici un officier général en petite tenue. — Puis, on reconnaissait dans cet uniforme les plus bizarres complications. Des ordres maçonniques se balançaient sur sa poitrine. Une chaîne à laquelle pendait une tabatière était passée en sautoir sur la tunique ; des bagues brillaient à tous ses doigts. Des boucles ornaient ses oreilles, et lorsque par hasard il ôtait son képi galonné, on voyait, — ô mystère ! — une ferronnière ceindre cette tête chenue.

Serait-ce une nouvelle chevalière d'Eon ? nous étions-nous dit longtemps en suivant cet excentrique. Sa barbe blanche ne rendait pas la supposition probable. — Un hasard nous apprit enfin que ce général fantastique s'appelait Félix de Lamothe, qu'il était originaire de Maubeuge. En 1815, il avait quitté le service de la France pour entrer à celui des Pays-Bas ; dès 1805, il était sorti de l'É'cole

de Saint-Cyr. Bien que n'ayant jamais atteint les
grades supérieurs, il eut plus tard l'innocente ma-
nie de se couvrir de décorations, et sa famille, qui
est fort honorable, avait obtenu, à ce sujet, une tolé-
rance d'autant plus possible qu'il s'agissait d'insignes
imaginaires.

Malgré son âge, M. de Lamothe était un flâneur
obstiné. Tous les jours, on le voyait appuyé sur sa
canne, descendre les hauteurs de la rue de la Fontaine-
Saint-Georges et aller jusqu'au Palais-Royal ; il ne
manquait pas un étalage d'estampes ou d'antiquités,
il visitait toutes les expositions de l'hôtel Drouot et
donnait un coup d'œil complaisamment régulier aux
boutiques de la galerie d'Orléans.

Il avait plusieurs espèces de tenues dont il variait
le port à son gré. Ainsi, pour les jours de pluie, il
portait un pantalon amarante garni de basane et un
shako recouvert de toile qui ressemblait à un fragment de colonne cannelée. Force lui était aussi de
jeter sur ses belles épaulettes à étoiles un manteau
bleu ; mais pour compenser le sombre de ce vêtement, il avait imaginé d'en rehausser le col par une
grosse torsade d'or.

Dans la rue, il était peu de personnes qui ne se
retournassent pour voir une seconde fois M. de
Lamothe ; mais les plus étonnés étaient sans con-
tredit les troupiers dont les figures peignaient une
anxiété comique, car ils ne savaient jamais s'il fallait rendre à ce vieux chamarré les honneurs du
salut militaire.

M. DE BRUNOY

Aucune légende ne fut plus exploitée que celle du marquis de Brunoy. Elle est si étonnante, si colossale qu'on éprouve toujours le besoin de la relire pour y ajouter foi.

Ce seigneur crotté, mangeant vingt millions de fortune avec ses paysans, fait la figure la plus étrange du monde dans cette élégante aristocratie du dernier siècle. Voyez-le sale, ébouriffé, sans chapeau, sans habit, travaillant comme le dernier de ses manœuvres! Comment pourrait-il être reconnu par ce vétéran besoigneux qui s'approche et qui lui demande :

« Croyez-vous que je puisse parler à M. le marquis?

— Dans quel but?

— Mon Dieu! je voudrais lui exposer mes besoins. Je suis chevalier de Saint-Louis, et je n'ose même plus porter ma décoration sur mon habit en guenilles.

— Revenez dans deux heures, et demandez Baptiste au château! «

On devine le reste : exact au rendez-vous, le vétéran reconnaît Baptiste dans le marquis de Brunoy, qui lui présente un habit neuf, avec ces seuls mots :

« Prenez! C'est tout ce que je puis faire pour vous. »

Le solliciteur se retire, examine l'habit et trouve dans les poches une bourse de cent louis accompagnée d'une tabatière en or.

Cet acte de charité délicate est bien du seigneur de Brunoy, mais partout ailleurs nous retrouvons Baptiste. Désormais, nous ne devons plus revoir dans ce donneur d'habit Armand-Louis-Joseph-Paris de Montmartel, marquis de Brunoy, comte de Sampigny, baron de Dagouville, seigneur de Villiers en Bocage et autres lieux. Le paysan a repris le dessus.

En revanche, il faut convenir d'une chose, c'est que, même aux temps les plus orageux du suffrage universel, M. de Brunoy eût enlevé toutes les voix de ses vassaux. Ceux-ci croyaient rêver en voyant les faits et gestes de leur maître et seigneur.

Ne mangeait-il pas, ne buvait-il pas, surtout, avec eux. N'avait-il pas poussé ce rigorisme égalitaire jusqu'à congédier son portier qui, par excès de respect, n'osait lui faire vis-à-vis à table? Et pendant ces agapes fraternelles, que de revenant-bon! Plaisiez-vous à Baptiste par une bonne plaisanterie ou par une bonne rasade, vite! un champ, ou une maison, ou un contrat de rente comme témoignage de la satisfaction seigneuriale!

Il y avait même bénéfice à le voir tomber sous la table. Un jour que l'absorption d'une forte quantité de vin chaud l'avait mis en piteux état, il déclara, par amour-propre, que la crise devait être attribuée au mauvais étamage du vase de cuivre où avait bouilli le liquide, et il fit sur-le-champ étamer à ses frais toutes les casseroles et tous les chaudrons des gens de Brunoy.

Au jour de l'an, le seigneur de Brunoy se faisait un devoir d'aller de porte en porte, la souhaiter *bonne et heureuse...* Il va sans dire que ses domestiques n'étaient pas oubliés.

Il n'y avait pas d'êtres plus heureux que ces domestiques. Nuls, au monde, n'étaient plus bravement accoutrés. En quatre ans, les fournitures de leur livrée n'avaient pas monté à moins de cinq cent cinquante mille livres. Il est vrai que depuis le jardinier jusqu'au plus petit marmiton, tout le monde devait porter la grande tenue, — sans doute pour racheter la chemise crasseuse, la chevelure ébouriffée, les bas percés à jour et l'habit gras de M. le marquis. A ce propos, je dois révéler que le seigneur de Brunoy n'avait pas besoin de blanchisseuse. Il portait sa chemise jusqu'au moment où il était forcé de la brûler.

En revanche, il avait donné à la compagnie d'arquebusiers de son village un uniforme vert et or si splendide, que Monseigneur d'Artois l'adopta pour sa compagnie des gardes.

Il ne se mariait pas une fille dont M. de Brunoy ne constituât la dot. Il ne se faisait pas un baptême dont M. de Brunoy ne fût le parrain. Ce qui peuplait le village de petits Armand et de petites Armande..

Honni soit qui mal y pourrait penser!

Ce suzerain n'aimait point les femmes; il poussait cette antipathie à tel point, que, — le 13 juin 1767, jour de son mariage avec noble demoiselle Émilie de Perusse d'Escar, — il avait abandonné cette jeune et belle personne, et il était revenu à Brunoy, signifiant que, si elle s'y présentait, il serait établi un mur séparateur dans la chambre conjugale.

Toutes ses tendresses étaient réservées pour ses bons amis les paysans.

Le bourrelier de Brunoy ayant perdu sa femme, il lui fit faire un enterrement de trente mille livres, en tête duquel il figure vêtu de deuil, avec toute sa maison.

Une autre fois, il fait le voyage de Fontainebleau tout exprès pour aller trinquer avec un cocher et un piqueur dont il avait fait la connaissance dans la forêt de Sénart, en chassant.

Il ne fallait pas cependant que les cochers abusassent trop de ces tendances démocratiques. Le maître avait encore quelques lueurs de dignité et il savait les remettre à leurs... siéges.

Un jour, par extraordinaire, il veut boire du lait; il prie son cocher d'aller en quérir à la ferme.

Comme cela se passe encore dans une foule de bonnes maisons, l'automédon se cabre et se retranche derrière les devoirs de sa charge.

« Ah ! ah ! fait le marquis avec un beau flegme... Et quels sont donc ces devoirs ?

— Je conduis le carrosse de M. le marquis.

— Très-bien... Alors, faites atteler, et conduisez une fille de service à la vacherie ! »

Il dut y avoir plus d'un paysan de Brunoy dans son fameux voyage à Londres, — qui dura quinze jours et qui coûta six cent mille livres. L'aspect de ce singulier touriste était bien fait pour renverser le type dameret, coquet et point du tout égalitaire, que nos voisins ont toujours incarné dans le marquis français.

Un simple coup d'essai que cette petite excursion outre-Manche ! M. le marquis avait imaginé mieux. En 1775, il prétendait faire le voyage de Jérusalem, à pied, en sandales, armé du bourdon, vêtu du manteau de pèlerin, et suivi de cinquante gens de Brunoy, traînés par une dizaine de voitures. Chacun devait toucher 600 fr. d'indemnité de route, être, bien entendu, défrayé le long du chemin, et recevoir au retour, s'il revenait, quatre cents livres de pension viagère. On ne pouvait faire le voyage de Palestine à meilleur marché, et les pèlerins ne manquaient pas, lorsque la famille alarmée fit refuser les passe-ports nécessaires à cette nouvelle folie.

Je n'ai pas encore touché au côté le plus extra-

vagant des extravagances de M. de Brunoy. Je veux
parler de son fol amour pour les pompes funèbres
et pour tout ce qui se rattachait aux cérémonies du
.culte.

Les enterrements de son père et de sa mère ont
marqué dans les fastes du genre. Par des moyens
inouïs, il était arrivé à faire de toute la terre de
Brunoy une vraie succursale du sombre empire.
Non-seulement l'église avait été peinte en noir,
mais les statues et les arbres du parc étaient enve-
loppés de crêpe, mais les chevaux, les vaches et les
poules étaient noircis pour la circonstance. On avait
poussé la couleur locale jusqu'à noircir, en y jetant
des muids d'encre, les pièces d'eau du jardin et la
rivière d'Yères.

Toute cette fantasmagorie ne témoignait aucune-
ment d'un véritable amour filial. La mort de ses
parents n'avait ému notre marquis qu'au point de
vue décoratif. Il attendait le dernier soupir de son
père pour grimper à l'échelle avec les tapissiers
chargés de la pose des tentures. Pendant l'agonie
de sa mère, demeurant à côté du lit, il énonçait à
voix haute le programme des somptuosités qu'il
méditait pour ce deuil nouveau.

Plus tard, il parut à tous les enterrements, non-
seulement de Brunoy, mais des villages voisins. On
l'y voyait figurer, affublé d'une longue robe noire
endossée pour la circonstance, et qu'il avait souvent
déjà mise pour ensevelir le défunt, car il ensevelis-
sait à l'occasion. — A Conflans, il avait, une fois,
voulu prendre la bière d'un enfant sous son bras,

et il l'avait portée au cimetière en tenant une croix dans l'autre main.

Si des présents pouvaient suffire pour valoir aux mauvais fils l'absolution de l'Église, celui qui nous occupe eût certes racheté tous ses torts. Sa prodigalité avait fait la petite paroisse de Brunoy plus riche qu'une cathédrale. Là, grâce à lui, chantaient seize chantres et dix-huit enfants de chœur ; huit sonneurs mettaient huit cloches en branle dans un clocher neuf ; quatre prêtres et douze chanoines, sans compter le curé et son vicaire, concouraient à la célébration des offices divins. — La sacristie renfermait pour six cent mille livres d'ornements d'église, parmi lesquels un dais de trente mille livres.

Quant aux processions, on n'avait jamais rien vu de pareil. Paris y allait comme au spectacle. Entre autres détails, voici ceux que donnent les *Mémoires secrets* sur les fêtes de juin 1772. « Tout se passa dans le meilleur ordre et de la manière la plus édifiante. Comme personne ne s'entendait mieux que M. de Brunoy en liturgie, il n'y eut pas une révérence d'omise. On comptait 150 prêtres loués à plus de dix lieues à la ronde. Il avait en outre donné des chapes à tellement de particuliers que son cortége comptaient 400 personnes. 25,000 pots de fleurs ornaient six reposoirs de l'élégance la plus exquise. Après la procession, un repas de 800 couverts réunit les prêtres, les chapiers et les paysans ses amis. Plus de 500 carrosses étaient venus de Paris

.et leurs maîtres avaient pris le parti de diner de leur côté sur l'herbe, ce qui augmentait le pittoresque du coup d'œil. »

Pour empêcher la foule d'encombrer les abords du principal reposoir qui était adossé au château, M. de Brunoy avait imaginé un expédient à la Lobau. Des hommes munis d'arrosoirs étaient postés sur le toit et ils aspergeaient tous les curieux qui franchissaient les limites indiquées.

Le jeudi suivant, il y eut une seconde procession non moins solennelle. — Cinquante muids étaient en perce dans le parc, à la disposition des gosiers altérés. Pour les délicats, il y avait des flots de limonade alimentés par le jus de quinze mille citrons.

Je n'étonnerai personne en disant que le total des frais s'éleva à 200,000 livres.

En fin de compte, toutes ces libéralités faisaient une large brèche au patrimoine du marquis. La famille et les héritiers s'émurent. On lui intenta un procès en interdiction, et on le perdit. Surexcité par ces hostilités premières, M. de Brunoy mangea une huitaine de millions de plus. On revint à la charge et il dut comparaître une seconde fois devant la justice, en 1780. De vingt-quatre millions de fortune, il ne lui restait que six millions... de dettes. Néanmoins, il fit bonne contenance. On imprima pour lui un mémoire justificatif dans lequel il déclarait, entre autres choses curieuses, « qu'il avait été empoisonné par un charlatan fanatique et qu'une

·potion pernicieuse· de nénuphar et des quatre se-
mences froides avait causé. tous les désordres dont
.il était accusé. »

, A l'audience pourtant, il ne donna pas une si
·belle place à ce moyen de défense. Le président lui
:ayant fait de sévères remontrances sur la façon
dont il avait gaspillé son bien, il se contenta de répondre : « Si au lieu de dépenser ma fortune à
·honorer la religion que je professe, je l'avais prodi-
guée en chevaux, en voitures, à des filles d'Opéra
.ou au jeu, je ne serais pas sur ces bancs. »

· Pas trop mal répliqué pour un temps où la no-
·blesse donnait l'exemple de toutes les folies! Mal-
·heureusement celles de M. de Brunoy ne purent se
·sauver par la comparaison. Son cas était compliqué
·de certains actes de rigueur vis-à-vis de ses vassaux
qu'on sut évoquer à propos. Le pauvre marquis·fut
·interdit· et enfermé sur lettre de cachet au prieuré
·d'Elmont, près Saint-Germain.

La règle du prieuré d'Elmont n'était point trop
sévère, car M. de Brunoy, bien que dépossédé de
son titre de seigneur, avait pu garder une petite maison non loin de son château, qui avait été acquis par
Monsieur, depuis Louis XVIII. Après les prières
obligées pour le nouveau seigneur, on avait aussi
gardé l'habitude d'en faire d'autres pour l'ancien,
dans cette église qu'il avait si fort comblée de dons.
Ce restant de popularité parut gênant sans doute,
car il fut transféré par nouvelle lettre de cachet à

l'abbaye de Villers en Bocage, près de Caen. Il y mourut le 13 avril 1781.

La légende s'empara de cet éloignement peu motivé pour répandre que le bruit de sa mort était faux, et qu'il avait été conduit secrètement dans la forteresse de Pierre-Encise, où les Lyonnais l'auraient retrouvé en 1789, complétement abruti cette fois par les misères de sa détention.

Qu'y a-t-il de vrai là-dedans? — Rien sans doute. — Louis XVIII n'a jamais passé pour un homme cruel. Je ne vois bien clairement que la cause de cette accusation. Elle résidait dans la nature du contrat passé par le prince pour l'acquisition de la terre de Brunoy, contrat dont une pension viagère au marquis, c'est-à-dire à ses ayants cause, formait la clause principale. Voilà ce qu'assurent les *Mémoires secrets*. D'autre part, M. Jeannest Saint-Hilaire, auquel on doit une notice très-bien faite sur Brunoy, affirme que cette pension était de 12,000 livres. La modicité de cette somme ne valait réellement pas un crime.

M. ADOLPHE GUYARD

Frotey-lez-Vesoul est un village assez maussade de la banlieue de Vesoul. Les cavaliers de la garnison, qui vont y boire bouteille, étaient les seuls étrangers qui honorassent le pays de leur présence avant que M. Guyard s'avisât d'élever Frotey au rang de commune modèle.

Or, sachez-le bien, une commune modèle est un vrai Paris encadré dans les douceurs de la vie champêtre. En 1863, l'infatigable M. Guyard avait déjà doté Frotey d'un cours de musique, d'une bibliothèque communale, d'une bibliothèque scolaire, d'un musée, de huit croix d'honneur de cent francs destinées aux poitrines des jeunes écoliers frotéens, de deux prix annuels pour l'instituteur et l'institutrice, d'un orgue-harmonium, d'une pharmacie gratuite, d'un dispensaire gratuit, d'une grande fête annuelle artistique et littéraire, de cinq machines agricoles, d'une rente de cinq cents francs, et enfin, — n'oublions pas celle-ci, — de l'institution *morale* d'une *rosière* et d'un *liséen*.

Liséen, — ne.pas confondre avec *lycéen,* — est ici synonyme de *rosier.* Nanterre est enfoncé.

Après tant de bienfaits, vous croyez peut-être que leur auteur allait prendre un instant de repos? Ah bien oui! Vous ne le connaissez guère. Quand il s'agit de Frotey, M. Guyard ne connaît plus. de bor-, nes. — Que Vesoul y prenne garde! — Sa dignité de chef-lieu, déjà pauvrement soutenue, me paraît menacée par les projets envahisseurs de la commune modèle qui comportent encore la fondation :

1º D'une Académie morale ; .

2º. D'une. banque de *prêts sur l'honneur;*

3º D'un *petit* palais, dit Palais de la Fraternité, renfermant à la.fois un hôpital, un pavillon de con- valescents, un pavillon d'orphelins, une salle d'asile, un pavillon d'invalides du travail et de vieillards, un pavillon d'hospitalité ;

4º.D'un prix de propreté;

5º D'un prix pour la meilleure mère de famille ;

6º.D'un prix de. respect pour les nids de petits oiseaux.

Si nous ajoutons à cette énumération l'entreprise d'une loterie pour la construction d'une église, d'une maison modèle pour le logement.d'une famille de manouvriers, et d'une plantation d'arbres fruitiers sur les terrains de la commune, nous croyons avoir oublié peu de choses.

Et maintenant le lecteur sait aussi bien que nous. à quoi s'en tenir sur les embellissements à l'ordre du jour en la commune. de Frotey. Quant à ceux

que lui réserve encore l'imagination féconde de
M. Guyard, Dieu seul en connaît le nombre.

. . Pour tout cela, il a fallu de l'argent, et l'argent est
venu, grâce à l'entrain, à l'éloquence et à l'originalité du promoteur de l'entreprise. Il a employé tous
les moyens connus et inconnus pour arriver à ses
fins. Il a fait bénir son œuvre par l'évêque de Versailles, bien que Frotey ne soit pas précisément
dans le ressort du diocèse.; — il a fait faire par
M. de Lamartine le don de ses fameuses *Œuvres
complètes*. Appuyé par la plume des journalistes
parisiens, il a recruté *extrà* Frotey des auxiliaires
magnifiques. L'Europe, le monde même, sont en-
vahis par ce conquérant de souscriptions, et les
bonnes gens de Frotey voient, tout ébahis, venir à
leur aide des gros messieurs tels que Mirza Hussein,
consul général de Perse à Erzeroum, et Sandou-
Udayar, *propriétaire hindou*. L'Angleterre et la
Russie donnent aussi la main à l'émancipation fro-
téenne, en les personnes de Mme Thompson, propriétaire à Cardiff, et de Mme la générale Sbokelew,
*femme du général commandant l'escorte d'honneur de
l'empereur de Russie.* — Enfin, Abd-el-Kader s'est
laissé faire protecteur de l'œuvre de Frotey-lez-
Vesoul.

Ce mouvement international amène déjà d'autres
projets en la tête de M. Guyard. Il pense encore,
l'insatiable, à une salle de concerts, — à un théâtre,
— à des promenoirs couverts, — à un éclairage au
gaz, — à un tribunal de prud'hommes, — à un prix

de drainage, — à un journal, — à un annuaire, —
à une garde nationale, — à une *petite fête* communale pour chaque naissance, chaque mariage ou
chaque mort constatée dans la population de Frotey, etc., etc. — Et il formule ce souhait naïf.

« Ah! dit-il, si les 36,000 communes de France,
toutes intéressées à ce que dans l'une d'elles s'in-
carne le plus vite possible l'idéal que toutes pour-
suivent, voulaient souscrire chacune à dix exemplaires de mes *Lettres aux gens de Frotey* (prix :
1 franc)...

« Ou bien, si chaque famille parisienne consacrait
à mon œuvre le prix de toutes les vieilleries, de
toutes les inutilités, de toutes les choses hors
d'usage qui encombrent les greniers et les cabinets
borgnes de chaque maison....

« Quel beau neuf je ferais avec tout ce vieux! »

Où diable M. Guyard a-t-il vu à Paris des greniers
et des cabinets borgnes encombrés de choses hors
d'usage? En 1765, la chose était possible; mais en
1865, les seuls greniers qu'on y connaisse sont des
appartements de huit à quinze cents francs. Quant
aux cabinets borgnes, cela se loue en garni cinquante
francs par mois, et un lit flanqué d'une commode
et de deux chaises sont les seules choses hors d'usage
qu'on puisse y placer.

Et puis, si toutes les communes de France imi-
taient, comme on les y invite, l'exemple de Frotey;
si, comme elles en ont le droit, elles demandaient
chacune une dizaine de francs à leurs 36,000 sœurs,

à quoi cela aboutirait-il? — A zéro. — Le patrio-
tisme frotéen y a-t-il pensé?

C'est égal, si M. Guyard n'a pas la bosse du clocher, je déclare que les phrénologues sont d'in-
dignes charlatans.

Ce qui ne m'empêche pas de rendre pleine justice
à ses généreuses intentions.

GRIMOD DE LA REYNIÈRE

Immense fut le succès de la première brochure que publia M. de la Reynière le fils, comme on l'appelait en 1783. Était-ce à cause du titre de l'ouvrage qui était plein de piquantes promesses : — *Réflexions philosophiques sur le plaisir, par un célibataire* ? Était-ce à cause de la haute position du père, administrateur général des postes ? Était-ce à cause de la main mécanique du jeune écrivain, auquel la nature capricieuse avait oublié de donner des doigts ?

Non, ce n'était point à cause de tout cela. Pour faire paraître coup sur coup trois éditions des *Réflexions philosophiques sur le plaisir,* il avait suffi d'un souper.

Mais aussi quel souper !

Paris s'était ému dès l'envoi des billets d'invitation, — billets charmants calqués sur le modèle qui ser-

vait alors aux billets d'enterrements des grandes
familles. Ce n'était pas, comme aujourd'hui, un
simple filet, c'était un encadrement artistique
chargé d'attributs funéraires, tels que larmes, tor-
ches, cercueils, squelettes, faux et sabliers. Cependant, il faut ajouter que M. de la Reynière fils y
avait mis de la délicatesse. — Les têtes de mort
avaient été remplacées par des têtes de dîneurs en
exercice, aux mâchoires largement ouvertes.

Le chiffre des convives favorisés s'élevait à dix-
huit. Deux cents autres billets ordinaires donnaient
seulement le droit d'assister au dîner, du haut d'une
tribune ouverte dans la salle à manger. Les dîneurs
ainsi offerts en spectacle se trouvèrent réduits, par
une absence, au nombre de dix-sept, parmi lesquels
on remarquait deux conseillers, deux officiers, deux
hommes de lettres, un peintre, un acteur de la Co-
médie-Française, six avocats, le secrétaire de l'amphitryon, et enfin une dame déguisée en homme,
dont le nom n'est point parvenu jusqu'à nous.

Les billets d'invitation avaient, je l'ai dit, obtenu
un succès fou.

On en avait beaucoup ri à la cour, et Louis XVI
n'avait pas dédaigné d'en faire placer un tout encadré dans son cabinet. Voici quelle en était la te-
neur :

Vous êtes prié d'assister au souper collation de M. Alexandre Baltazar Laurent Grimod de la Reynière, écuyer, avocat au Parlement, membre de l'Académie des Arcades de Rome, associé libre du Musée de Paris et rédacteur de la partie dramatique du *Journal de Neufchatel*, qui se fera en son domicile, rue des Champs-Élysées, paroisse de la Madeleine-l'Évêque.

On fera son possible pour vous recevoir selon vos mérites; et sans se flatter que vous soyez pleinement satisfait, on ose vous assurer, dès aujourd'hui, que, du côté *de l'huile et du cochon*, vous n'aurez rien à désirer.

On s'assemblera à neuf heures et demie pour souper à dix. Vous êtes instamment prié de n'amener ni chien, ni valet, le service devant être fait par des servantes *ad hoc*.

En lisant cette pièce, on est frappé du rôle important qu'y jouent l'huile et le cochon. — Pour être comprise, cette mystérieuse prééminence me force à ouvrir une assez longue parenthèse.

Né Grimod, le grand-père de M. de la Reynière, passait pour avoir laissé à Lyon des parents plébéiens parmi lesquels se trouvaient un charcutier, un épicier et un cordonnier. Bien d'autres fermiers généraux avaient semblable origine. Mais le second des Grimod eut la faiblesse de s'allier à une demoiselle de grand nom, très-vaine et passant pour faire très-peu de cas du mari auquel elle devait sa fortune. Le mari pliait devant les préjugés de la femme. Le fils se regimba pour lui.

Les enfants vivaient alors peu de la vie de famille, surtout dans la haute classe. Né contrefait, livré à l'insüffisante direction d'un mauvais précepteur, le jeune Grimod sentit bientôt combien ses infirmités le desserviraient dans cette société aristocratique dont l'élégance était la loi suprême. Et alors, comme cela se présente souvent, il prit d'instinct le contre-pied de la vanité maternelle. Il se fit avocat, il devint démocrate, il fraternisa avec les philosophes, il déclara que les fermiers généraux étaient les sang-sues du peuple.

Bien qu'habitant une partie du splendide hôtel élevé par son père au commencement de l'avenue des Champs-Élysées (où se trouve aujourd'hui le cercle Impérial), — M. de la Reynière ne paraissait presque jamais au salon. Il était hautement qualifié de *fou* par la valetaille, et si, par hasard, il se trouvait en présence de sa mère, c'était pour lui glisser de grosses impertinences aiguisées par une grande affectation de politesse, disant par exemple : « Vous avez, madame, une chaussure divine. Votre oncle le cordonnier n'eût pas mieux fait. » — Ou bien : — « Le lard qui figure dans ce ragoût est d'excellente qualité. Il vaut celui que fournissait votre tante la chaircuitière. »

Chaircuitière se disait alors dans la meilleure société.

On comprend maintenant pourquoi l'huile et le cochon figuraient à la place d'honneur dans le fameux dîner dont je vais rapporter ici toute l'ordonnance.

Dès la porte d'entrée, les invités étaient arrêtés

3

par deux hommes armés. C'étaient les préposés d'un vestiaire auquel il fallait remettre son épée et son chapeau.

Puis, un chevalier équipé de toutes pièces, la lance en arrêt, prenait votre billet, et vous annonçait dans le salon d'attente.

Là se trouvait un des clercs de l'amphitryon. Affublé pour la circonstance d'une robe noire, d'une longue perruque et d'un bonnet carré, il paraissait dresser procès-verbal de chaque arrivée. Les saluts solennels et la politesse grave de ce bonhomme, que personne ne connaissait, le firent appeler, pendant toute la séance, *Monsieur le Commissaire*.

Vers dix heures et demie, un valet vint annoncer que ces messieurs pouvaient sortir du salon, — chose impossible jusqu'alors, car la porte ne pouvait s'ouvrir du dedans. Tout le monde défila dans une autre pièce obscure pour s'y voir enfermer de nouveau. Au bout de quelques minutes, deux battants tournent sur leurs gonds et laissent voir la salle du festin brillamment illuminée.

Les convives entrent alors deux par deux, marchent d'un pas cadencé par la musique vinaigrée d'un joueur de mandoline. A leur tête marchent le chevalier à la lance, Monsieur le Commissaire et deux cent-suisses. Pour compléter ces allures de procession, un thuriféraire parfume la société à grands coups d'encensoir.

Prié d'expliquer la cause de cette dernière cérémonie, M. de la Reynière déclare que le thuriféraire est chargé de remplacer avantageusement les six ou sept parasites qui encensent chaque soir, à souper, les auteurs de ses jours.

Alors commença le grand œuvre, c'est-à-dire l'attaque d'un souper composé de quatorze services de cinq plats. Total : soixante-dix plats, — sans compter le dessert.

Certains auteurs parlent de *vingt services*, mais j'adopte ici la version du marquis Fortia de Piles, qui fut l'un des *dix-sept*.

Fidèle à son programme, M. de la Reynière fit avaler à ses invités cinq plats de charcuterie et cinq plats d'assaisonnements à l'huile, en répétant chaque fois :

« Que dites-vous, messieurs, de cette sauce à l'huile ? Que vous semble de cette cochonaille ?

— Excellent ! excellent !! — murmuraient les dîneurs en souriant à leur bourreau.

— Eh bien ! messieurs, la cochonaille et l'huile m'ont été fournies par un chaircuitier et un épicier qui sont nos cousins. Je vous les recommande. »

Pendant ce temps, les invités de la deuxième catégorie se pressaient à la tribune. Même aujourd'hui, on peut avouer que ce spectacle en valait la peine. Une salle à manger, éclairée de trois cent trente-neuf lumières, un chevalier, un commissaire, un joueur de mandoline, deux cent-suisses, un porteur d'encensoir et dix-sept dîneurs aux prises avec soixante-dix plats, dont cinq plats de charcuterie et

cinq plats accommodés à l'huile, — vraiment tout
cela devait offrir un étrange coup d'œil.

Comme la tribune n'était pas grande, les curieux
n'avaient pas le droit d'y stationner longtemps. Les
deux cent-suisses forçaient tour à tour les premiers
arrivés à la retraite. La consigne ne respecta même
pas l'oncle, ainsi que le père et la mère de l'amphitryon, attirés par le désir de savoir ce qui se
passait dans leur hôtel.

Après cinq heures de mastication, on se doute
bien que plus d'un convive éprouvait le besoin de
se retirer. Quelques-uns veulent s'échapper par un
escalier dérobé, mais M. de la Reynière se fâche et
donne les ordres les plus sévères. Dût-on en crever
sur place, personne ne pourra sortir avant la fin de
l'hécatombe.

Vers trois heures du matin, l'assistance fut donc
condamnée à repasser dans la salle voisine et à
s'asseoir autour d'une table chargée de café, de thé,
de chocolat et de liqueurs. Cent treize bougies
éclairaient cette absorption nouvelle.

Quatre heures avaient sonné quand les convives
s'échappèrent. Après une séance de lanterne magique,
l'amphitryon avait daigné leur accorder la liberté.

Pendant trois semaines, on commenta les détails
de cette ripaille nocturne. MM. les commissaires
du Châtelet furent particulièrement frappés des
allures et du costume qu'avait pris en cette circonstance l'individu chargé de recevoir les invités

de M. de la Reynière. Dans cette robe noire, dans ce bonnet carré, dans ces apparences de procès-verbal, n'y avait-il pas quelque allusion blessante au commissariat? Un des leurs est député pour demander des explications. Il exprime le désir de parler en particulier à M. de la Reynière, mais celui-ci l'invite à s'expliquer devant deux personnes qui se trouvaient chez lui, en visite. M. Carré, c'était le nom du commissaire, expose donc les craintes de sa compagnie :

« Je vais vous donner l'explication la plus nette et la plus franche, fait aussitôt M. de la Reynière. J'ai choisi un brave homme pour recevoir les convives et m'aider à faire les honneurs du souper. Il fallait l'habiller d'une manière décente et surtout peu commune, pour être en harmonie avec le repas. Vous savez que je suis avocat?

— Oui, monsieur.

— A ce titre, je possède un bonnet carré, j'en ai coiffé mon maître des cérémonies; je l'ai aussi vêtu de ma longue robe noire; ainsi costumé, il est entré dans ses fonctions; il les a remplies avec tant de grâce, d'attention, tous les convives ont été si enchantés de lui, qu'on l'a proclamé, tout d'une voix, *Monsieur le Commissaire*, et qu'il a été impossible de lui donner un autre titre. Cette distinction est, je pense, loin d'être injurieuse à votre corps.

—Il s'en faut, monsieur, reprit le commissaire rasséréné, je vais rendre compte à mes collègues de notre conversation, et je ne doute pas qu'ils soient satisfaits.»

Et M. Carré se retira là-dessus, avec force révérences à M. de la Reynière qui les lui rendit au double, car c'était le railleur le plus poli du monde.

Mais revenons aux fantaisies gastronomiques de M. de la Reynière, car le fameux souper n'était qu'un coup d'essai.

Après une inauguration aussi retentissante, l'auteur des *Réflexions sur le plaisir* organisa facilement ce qu'il appelait des déjeuners *semi-nutritifs*. — *Semi-nutritif* ne doit pas être pris ici au pied de la lettre. Cela veut tout bonnement dire qu'on n'y servait pas soixante-dix plats.

Mais si le menu était moins varié, il était des plus copieux, en son genre, comme on le verra tout à l'heure.

Parmi les invités de fondation, on distinguait Mercier, Beaumarchais, Joseph Chénier, Rétif de la Bretonne, le *Rousseau du ruisseau*, et Fontanes, le futur grand-maître de l'Université. Rien qu'à ces deux derniers noms on peut juger des contrastes présentés par l'assemblée; elle devait souvent être grande, car, une fois présenté au maître de la maison, chacun avait le droit d'amener et de présenter à son tour un ami.

Les formalités de l'entrée affectaient toujours une complication bizarre. Dès qu'on avait franchi le seuil, le suisse avait pour instruction de barrer la porte avec autant de fracas qu'un geôlier. Autre détail, les chevaliers de Saint-Louis consignaient leurs décorations au vestiaire, — par respect pour l'égalité.

La salle à manger était occupée par une immense table d'acajou, au bout de laquelle se dressait un siége plus haut que les autres. C'était le fauteuil du président; il restait inoccupé jusqu'au moment de l'élection. A l'heure dite paraissait Grimod de la Reynière, escorté de valets fort occupés à porter des brocs de lait et de café, ainsi que des pyramides de tartines de beurre. Les tartines étaient posées sur la table, et les brocs se vidaient dans deux grands réservoirs à robinet qui avaient la forme de deux satyres.

On se mettait aussitôt en action, on se gorgeait de café au lait, on s'empiffrait de tartines, et celui qui le premier avait avalé ses dix-sept tasses, — oui! dix-sept tasses, — celui-là était acclamé président. Certains historiens ont parlé de *vingt* et de *vingt-quatre* tasses, mais le chiffre *dix-sept* me paraît bien suffisant.

Après cette entrée de jeu, on apportait la pièce de résistance, c'est-à-dire un aloyau monstre, dans lequel chacun pouvait tailler à sa guise. C'était tout. La boisson se composait de bière ou de cidre, au gré des consommateurs. Le vin était absolument proscrit.

Dès que l'appétit était satisfait, la conversation devenait active. Elle roulait exclusivement sur l'appréciation des ouvrages nouveaux. Les auteurs présents risquaient quelques lectures de manuscrits, et Grimod lui-même recevait docilement les critiques

de ses invités, lorsqu'il lui prenait fantaisie de
livrer ses propres compositions.

Une malheureuse affaire vint gâter ces petites
agapes de l'intelligence. C'était encore une mystification de M. de la Reynière, mais elle ne devait
point tourner à son avantage. Se jetant dans un
débat littéraire entre Duchosal et Fariau Saint-
Ange, il s'avisa de rédiger, comme avocat du premier, une consultation tellement en dehors des
formes légales, qu'il fut menacé d'un procès crimi-
ne l par la partie adverse. Pour comble de disgrâce,
il fut rayé du tableau des avocats par le conseil de
l'ordre, puis enfermé, par lettre de cachet, à Do-
mèvre, dans une maison de moines lorrains.

-Il passa là quelques années, bien traité d'ailleurs
par ses hôtes, jouissant d'une liberté relative, puis-
qu'il allait au spectacle de Nancy, au grand désespoir
de la troupe théâtrale, qu'il critiquait à outrance
dans une gazette du cru.

En 1788, nous retrouvons Grimod à Lyon. — Il
s'est fait épicier dans la patrie de ses pères, et il
s'en vante. — C'est un dernier coup porté aux préjugés maternels, c'est un dénoûment du fameux
souper. Le fils et le petit-fils de deux administra-
teurs généraux des postes, descendre au commerce
des articles du Levant; le descendant des Jarente,
par les femmes, courir les marchés de Beaucaire et
de Marseille, comme le premier droguiste venu!
— C'était le comble.

Tout en trottant pour ses affaires, l'avocat-épicier tombe à Béziers chez une vieille tante sans façons qui le reçoit à bras ouverts. Grimod s'y trouve bien et il y reste. Les splendides ressources de la cuisine languedocienne achèvent cette conquête difficile. Il lâche les denrées coloniales pour rester gastronome; désormais il ne visera plus qu'à passer maître en l'art de bien manger.

Après thermidor la société française se reconstitue sur une base nouvelle, elle cherche à renouer avec ces anciennes traditions de délicatesse et de confort, si brutalement interrompues. Du côté de la bonne chère, c'est à Grimod de la Reynière qu'il appartiendra d'établir le trait d'union. Devenu le grand prêtre du savoir vivre, il lance un recueil périodique resté célèbre à juste titre sous le nom de *l'Almanach des Gourmands* : il formule son code dans l'excellent *Manuel des Amphitryons*. Joignant enfin l'exercice à la théorie, il fonde le grand jury dégustateur, un jury sérieux, grave, mâchant avec discernement pendant cinq heures.

Encore un cérémonial curieux que celui de cette haute cour de *gueule*... Pas de valets. Grimod les avait toujours détestés. Un seule femme changeait diligemment les assiettes. Les plats apparaissaient et disparaissaient au moyen d'une trappe pratiquée dans le centre de la table. Tous les ordres nécessaires au service étaient transmis à l'office par une machine acoustique. Placée à côté du président, elle affectait la forme d'une tête de cuisinière coiffée d'une grande cornette. — Grimod n'avait qu'à se pencher à l'oreille de cette poupée.

Le coup du milieu était forcé, et si quelques jurés peu solides croyaient pouvoir reprendre haleine, ils étaient immédiatement rappelés à l'ordre par un : « Vous n'êtes pas là pour votre plaisir.... En séance, Messieurs ! »

Neuf femmes eurent l'honneur d'être appelées à faire partie du jury dégustateur. Cette galanterie a droit de surprendre chez Grimod, car il avait écrit plusieurs fois : « Est-il une femme, tant jolie qu'on la suppose, qui puisse valoir un pâté de foie gras ! »

Les femmes lui rendirent la monnaie de son dédain. Tant de lenteurs, d'apprêts et de solennités à propos de victuailles ne pouvaient les intéresser longtemps. C'étaient autant d'affronts indirects faits à la toute-puissance de leurs charmes. Après avoir savouré les avances de leur détracteur, les plus gourmandes se donnèrent donc la volupté de lui tourner casaque : « — Je hais vos truffes, lui écrivait la fameuse Minette, je hais vos foies d'oie, je hais, grands dieux ! donnez-moi la force d'achever ! — je hais même vos terrines de Nérac. »

Le jury ne pouvait sévir contre ces belles dédaigneuses; il déchargea son courroux sur ses justiciables immédiats ; il fit le désespoir des gargotiers récalcitrants. Un nommé Grec, marchand de comestibles du passage des Panoramas, vit dénoncer au mépris public son impolitesse habituelle. Un des restaurateurs les plus estimés de Bercy perdit toute sa clientèle pour avoir *gargoté* un *juré dégustateur* en promenade.

Cependant, Grimod de la Reynière songe à transporter ses excentricités sur un nouveau théâtre. Il se fait châtelain campagnard dans le vieux manoir de Villiers-sur-Orge, près Lonjumeau. On y est toujours gracieusement invité, on y fait toujours bonne chère, mais Dieu sait à quel prix. Ce n'est pas pour rien qu'y brille, parmi beaucoup d'autres, cette inscription : *Malheur à ceux qui n'entendent pas la plaisanterie !*

Il faut convenir que la plaisanterie dépasse souvent les bornes.

Arrivez-vous à l'heure du dîner, vous trouvez toutes les portes closes. La voiture s'arrête, les invités descendent et demandent à grands cris l'entrée. Mais Grimod a résolu que ce jour-là on n'entrerait pas chez lui par les voies ordinaires ; il prévient qu'à moins d'assaut ou d'effraction, il ne veut recevoir personne..... Il faut gagner son repas en escaladant un mur, en grimpant à une fenêtre. Voyez-vous d'ici les mines des assaillants, l'effroi des petites dames, les soubresauts des jupes !

Le soir, à l'heure du coucher, ce sera pis encore. Ce château de Villiers est aussi bien machiné que l'Opéra. A l'heure où tous ses hôtes dorment, Grimod se met à l'œuvre. Alors, — dit M. Paul Lacroix, dans sa curieuse *Histoire des mystifications,* — s'opèrent de vrais changements à vue. Les fauteuils se promènent, les armoires s'ouvrent, les portraits

tirent la langue, les planches tournent, les lits s'en-
volent et changent de chambres respectives. Tout
est mû par des ressorts si doux, si soigneusement
huilés, que pas un sommeil ne se trouble.

Au réveil, stupeur générale! Chacun se croit encore dans le pays des songes. M. *Machin* se trouve
dans l'alcôve de Mme *Chose*, et réciproquement. Le
gros Z... est chez le fluet *Trois Étoiles;* le petit K...,
chez X..., le gigantesque; l'officier, chez l'abbé, et
l'abbé, chez l'officier.

Après s'être bien frotté les yeux, on sonne, on
resonne, on carillonne, on hurle. Pas un domestique ne répond... Si on veut déjeuner, il faut descendre dans *le simple appareil* ou utiliser les vêtements qu'on a sous la main. Au guet dès le bas de
l'escalier, Grimod jouit de ce défilé grotesque et de
cette mascarade forcée.

On arrive furieux; mais chacun trouve son voisin
si ridicule, si bouffon, que le rire est général, et
qu'on pardonne au mystificateur.

Bien d'autres surprises attendaient les gens dans
ce champêtre séjour. On se les imagine aisément, en
apprenant que des couloirs mystérieux et des tuyaux
acoustiques permettaient à Grimod de voir et d'entendre tout ce qui se passait chez ses invités.

Il est plus d'une personne que cette hospitalité
peu discrète ne dut pas tenter une seconde fois.
Cependant, il restait encore assez d'hôtes à Grimod
pour qu'il ait voulu un jour en réduire le nombre.

Voici l'expédient qu'il avisa pour en arriver à ses fins.

Pendant quinze jours, on n'entend plus parler de lui. On le dit dangereusement indisposé, on garde sa porte, et personne n'est surpris de recevoir une lettre de faire part de la veuve. Grimod de la Reynière est mort et on doit l'enterrer le lendemain à quatre heures.

L'éloignement du lieu et l'heure avancée choisie font reculer une partie des invités. Ceux qui se mettent en route trouvent tout préparé pour la cérémonie. Le corbillard attend déjà la bière déposée dans une chapelle ardente. Les voitures de deuil sont prêtes à partir. Introduits dans le salon d'attente, les arrivants murmurent leurs compliments de condoléance, lorsque la porte s'ouvre et laisse voir la salle à manger illuminée. A table, le faux défunt les appelle de la voix et du geste :

« Allons, messieurs. Vous êtes servis. Ne laissons pas refroidir le potage ! »

On agréa la compensation et on but à la santé de Grimod, qui ne se laissa mourir qu'en 1838, — sérieusement cette fois.

Par un dernier retour de tendresse pour l'épicerie, Grimod avait ouvert à Villiers une boutique de détail, où il allait lui-même servir ses humbles pratiques.

Peut-être, nouveau Delamarre, voulait-il faire savourer aux manants d'alentour les douceurs de la vie à bon marché et des denrées coloniales sans sophistication? Peut-être aussi, — et cela me paraît plus probable, — voulait-il jusqu'au bout paraître logique dans sa révérence profonde pour l'épicerie et la charcuterie?

Les panneaux de la salle à manger de Villiers-sur-Orge ne représentaient-ils pas déjà des trophées artistiques de boudins, de saucisses, de hures et de pieds de cochon? Un groin ne terminait-il pas le manche sculpté de ses couteaux de table?

J'ai dit qu'à la campagne Grimod donna libre carrière à son goût pour le porc. Il l'aima cuit et cru.... Sans cesser de lui donner la place d'honneur sur sa table, il voulut l'avoir à ses côtés, tout trottinant, tout grognant... Saint Antoine n'eut pas de compagnon mieux dressé... Mais quelle différence de régime entre le pourceau de l'ermite et celui de notre gastronome! Brossé et frotté le matin, couché mollement la nuit sur un matelas, cet intéressant animal avait encore le privilége de figurer à table aux grands jours, et d'être servi le premier par un maître d'hôtel attentif.

La bonté de Grimod s'étendait du reste sur la race entière, et il poussait la politesse jusqu'à saluer le premier troupeau de cochons venu, en lui adressant toujours quelques bonnes paroles comme : — « Eh bien! d'où venons-nous? Et cette santé? Sommes-nous bien gras? »

C'est Monselet qui l'affirme, et Monselet connaît son Grimod mieux que personne. Il a fait sur lui une étude si complète dans des *Originaux du dix-huitième siècle.*

Je partage complétement la manière de voir de ceux qui soupçonneraient quelque calcul dans toutes ces *porqueriana*. Grimod a dû friser la queue de son cochon comme Alcibiade coupait celle de son chien.

M. le préfet de la Seine a fait, me dit-on, acheter Villiers-sur-Orge. La maison de campagne du jury dégustateur est menacée de devenir une maison de fous départementale. La destinée des monuments prend parfois de ces airs railleurs, — ce qui n'empêche pas Grimod d'avoir été un homme d'esprit, beaucoup moins fou qu'il n'a voulu en avoir l'air.

DANIELO

De la bibliothèque Sainte-Geneviève à la bibliothèque Impériale, tout le monde se souvient d'avoir
rencontré cet homme à paletot déteint, à pantalon
frangé, à feutre rougi. Ses fortes lunettes étaient la
seule pièce de son équipement qui restât propre et
intacte. — Plus d'un passant se retournait avec le
mot de *vieux vagabond* sur ses lèvres, — sans se
douter qu'il avait rencontré un écrivain de la conduite la plus régulière, du caractère le plus digne de
respect, dont l'aisance était suffisante pour qu'il cul-
tivât, sans abdiquer son indépendance, les lettres
qu'il aimait avec la ferveur du premier âge.

Danielo avait même à Paris ce que l'aisance ne
suffit plus à donner, il avait sa maison, une maison
tout entière pour lui et pour ses deux cents pigeons.

Il est vrai qu'elle n'était pas précisément un palais. C'était sur les confins de la rue Notre-Dame-
des-Champs. Au bout d'un chantier de construction

en se frayant une route à travers des pierres de taille, on atteignait une clôture de planches dont la porte, digne des temps de l'âge d'or, fermait à l'aide d'un simple loquet. Cette barrière franchie, on descendait un jardinet profondément raviné. A force de soins, de patience, M. Danielo avait fini par y récolter quelques poires et quelques grappes de raisin, grosse récolte pour un Parisien de Paris... Bonheur singulier de pouvoir dire à deux pas du Luxembourg : Mon raisin, mes poires, mes pigeons !... car notre propriétaire avait sous et sur son toit un peuple emplumé.

Du rez-de-chaussée au premier étage, du premier aux combles, sur la voiture desquels s'élevait une volière immense, il n'y avait que pigeons. — Ici se trouvaient des cases spéciales pour les couveuses. Là, un petit réduit servait d'infirmerie aux malades. Les mariages s'accomplissaient dans des cages qu'une cloison mobile pouvait couper en deux pour empêcher les voies de fait peu galantes que les mâles se permettent parfois vis-à-vis des femelles. Partout, sur le toit, des grilles destinées à déjouer les assauts des chats et les pierres des voisins mal intentionnés.

On conçoit aisément quel accueil toute cette ménagerie faisait à son maître et seigneur. Le fameux *charmeur d'oiseaux* des Tuileries et tous ses serviles imitateurs ne se sont jamais vus à pareille fête. Les pigeons, dès que Danielo paraissait, luttaient à qui lui ferait sa cour. Il y avait des voletis sans fin et des batailles à coups de bec entre les privilégiés qui

voulaient percher sur ses épaules, sur ses bras ou
sur sa tête. D'autres allaient s'insinuant sous le
vieux paletot. Les plus gourmands plongeaient dans
les poches, toujours sûrs d'y trouver quelques grai-
nes. Tout le reste de la bande suivait, en rangs
serrés.

Qu'on s'étonne après cela que l'ancien secrétaire
de Chateaubriand ait passé pour misanthrope, et ne
se soit pas montré toujours désireux d'échanger
contre les douces familiarités de ses hôtes les avan-
tages prétendus d'une autre société qui, assurait-il,
ne gagnait pas souvent à la comparaison.

Ces témoignages d'affection avaient petit à petit
isolé Danielo du reste du monde. De là, l'insouciance incroyable de sa tenue. De là, une certaine
horreur pour le genre humain que personnifiaient
peu agréablement à ses yeux d'affreux gamins cherchant à tuer ses pigeons familiers ou des mauvais
plaisants qui lui faisaient déserter le cabinet de lecture de la rue Saint-Hyacinthe, où, chaque jour, il
allait lire les journaux anglais.

De là aussi une horreur profonde pour les appé-
tits carnivores de ses semblables. Du respect des pigeons, il en était venu à celui de tous les animaux.
C'était logique. — Pour faire honneur à ses pré-
ceptes, Danielo vivait exclusivement de légumes et
d'œufs pondus par ses poules. Le vin et le café faisaient supporter la frugalité de ce régime. — Ainsi,
ne sortait-il jamais sans avoir avalé une tasse de

café au lait dans laquelle il délayait un œuf, — mélange qu'il vantait beaucoup et dont il disait se trouver fort bien.

Je dois avouer que jardin et maison se ressen-
taient de l'insouciance profonde du maître. Je l'ai
dit, hors la littérature et les pigeons, il ne connaissait rien. Son peuple emplumé abusait du favori-
tisme : il avait fait de chaque étage une succursale
des îles Chinchas. Le plancher disparaissait sous une
couche de guano dont l'odeur eût été difficile à supporter si les fenêtres avaient conservé tous leurs car-
reaux. Mais il en manquait plus d'un, et Danielo
s'était contenté de les remplacer par un treillis de
lattes, afin, disait-il avec sa candeur habituelle, de
respirer plus librement. — Mais Danielo y voyait-il,
y sentait-il quoi que ce soit ? — Je ne le crois pas.

Chose étrange ! cet homme si insensible à notre
confort moderne, si fait pour vivre aux champs, re-
culait à l'idée d'une retraite dans le Morbihan, car
il était Breton, et Dieu sait cependant combien les
Bretons tiennent au sol natal !

Mais le mouvement des lettres, mais les bruits de
la presse, mais les moyens de travail offerts dans
tous nos grands établissements scientifiques, il lui
eût fallu abandonner tout cela, et tout cela, c'était
sa vie, sa passion...

Danielo le sentait et ne le cachait pas.

« Que voulez-vous ! me disait-il. J'aime bien
Vannes, mais il n'y a que Paris. »

SOUWOROW

Quand on n'est pas contemporain des personnages qu'on veut dépeindre, c'est un bonheur de pouvoir invoquer le témoignage de ceux qui les ont personnellement connus.

Ce bonheur, je le trouve aujourd'hui dans la possession momentanée de la meilleure biographie de Souworow. Je veux parler du *Précis* du colonel De Guillaumanches-Duboscages. Comme beaucoup de livres imprimés à Hambourg sous le premier empire, celui-là est rare, et je chercherais encore si MM. Dumainé ne m'eussent galamment permis un emprunt à leur riche collection de livres militaires.

Ancien officier aux gardes sous Louis XVI, Guillaumanches avait émigré et pris du service en Russie. Pendant trois années, il fut attaché à l'état-major de *Souworow* (c'est ainsi qu'il écrit son nom). Il a donc pu contempler à son aise ce grand guerrier, et il l'a fort admiré, comme le prouve son écrit. Pour moi, grand quêteur de bizarreries et non moins grand ami de la vérité, cette admiration excessive offre un précieux avantage en ce qu'elle permet d'ajouter une foi entière aux manies les plus étonnantes de Souworow. A la peine que le biographe prend pour les justifier, on sent qu'il atténue plutôt qu'il n'exagère. Si incroyable que paraisse la suite de ma *Notice*, elle mérite donc d'être crue en tous points.

Souworow n'avait pas plus de cinq pieds un pouce. Son corps était si chétif qu'à l'âge de soixante-quatre ans, le poids de son sabre suffisait pour le faire pencher. Néanmoins, la fatigue et la maladie n'avaient pas prise sur son tempérament nerveux et robuste au plus haut degré.

La figure n'était pas belle ; — ce qui frappait en elle, c'étaient une grande bouche, deux yeux vifs et perçants, un front creusé par des rides profondes, dont la mobilité accusait chaque mouvement de l'âme. Les cheveux, rares, étaient *ramenés* au sommet de la tête pour former un toupet ; ceux qui restaient sur la nuque se rassemblaient en une petite queue très-mince non poudrée.

Bien que cet extérieur fût dépourvu de toute prétention, il n'aimait pas à voir rappeler son âge. Le titre de *guerrier blanchi au champ d'honneur*, qui lui fut décerné, un jour, dans une correspondance privée, suffit pour l'affecter péniblement. Aussi ne se regardait-il jamais dans un miroir. S'il y avait des glaces dans son appartement, il les faisait couvrir ou enlever. Et si par hasard il en rencontrait inopinément une, « rien n'était si plaisant que de le

voir prendre sa course au petit galop, fermant les
yeux et faisant toutes sortes de grimaces jusqu'à ce
qu'il fût hors de l'appartement. »

Au fond, cette coquetterie était toute militaire. Il
tenait à ce que rien n'empêchât de le croire moins
prêt à faire campagne que pendant sa jeunesse.

Ce but glorieux servait de prétexte à une gymnas-
tique perpétuelle. S'il trouvait une chaise, il la
franchissait en posant le pied dessus; il prenait le
pas de course pour entrer ou sortir d'une chambre,
ce qui devait imprimer aux officiers de sa suite une
allure précipitée des plus grotesques. Et notez que
les gambades du maréchal étaient d'autant plus
vives qu'il était au milieu d'un cercle nombreux ou
avec des étrangers de distinction. Pour lui, c'était
faire preuve publique de sa force:

Voici quel était invariablement son genre de vie.

Il se levait entre minuit et quatre heures du matin. Après s'être débarrassé du manteau jeté sur six
bottes de foin qui composait sa couche, — il se pré-
cipitait tout nu hors de sa tente, et il se faisait jeter, *coràm populo*, cinq à six seaux d'eau froide.

Grâce à ce régime hydrothérapique suivi en tous
temps, à tout âge, les rigueurs de l'hiver lui étaient
inconnues. La vue de sa tenue ordinaire suffisait pour
glacer les frileux. Qu'il fit quinze degrés de chaud
ou de froid, Souworow s'habillait de basin blanc. Sa
veste, son gilet et ses culottes étaient coupés dans
cette étoffe légère, dont les plis flottaient sur son
corps amaigri, sans autre ornement que le cordon

de l'ordre de Saint-Georges ; des revers et un collet de toile verte paraient seuls la veste. Sur la tête, un petit casque en feutre, garni de franges vertes. Comme chaussures, des bottes mal faites, mal cirées, à tiges tombantes et à retroussis montant fort haut. Lorsque deux anciennes blessures à la jambe le faisaient par trop souffrir, il ne gardait qu'une botte ; l'autre pied chaussait un soulier, la jarretière restait déboutonnée et le bas retombait sur le talon.

Ainsi équipé, il disait longuement sa prière du matin, puis il courait le camp dès la pointe du jour; jetant partout le coup d'œil du maître et saluant d'un *co-ri-co-co* retentissant les officiers étrangers qu'il pouvait rencontrer. — Le chant du coq était pour lui symbolique ; son imitation signifiait d'un seul coup : *Honneur et gloire au soldat vigilant.*

Le dîner avait lieu à sept heures du matin, en été, et à huit, en hiver. Après les manœuvres de nuit, on se mettait à table dès l'aurore. Les habitudes de beaucoup de personnes s'en trouvaient contrariées, mais l'exemple du chef faisait loi, et, lorsque huit heures sonnaient, chacun avait faim.

Le repas était long, car c'était le seul substantiel de la journée, et Souworow y faisait largement honneur. Jusqu'au soir, il se contentait de prendre du thé ou du café. Le vin, l'eau-de-vie et surtout l'ale anglaise formaient sa boisson ordinaire. Quant à la cuisine, elle était malheureusement moins cosmopolite ; elle se composait exclusivement de ragoûts cosaques détestables, mais que personne n'osait trouver tels. — « Une pareille délicatesse aurait déplu. »

Les manières du maréchal affectaient la raideur militaire en toute occasion. « Lorsqu'il vous saluait, il s'arrêtait, tournait ses pieds en dehors presque sur la même ligne, se redressait, effaçait ses épaules, enfin se plaçait comme s'il avait dû être inspecté et portait ensuite la main droite ouverte et de côté à son casque ; c'est ainsi que le soldat salue. Lorsqu'il voulait marquer une plus grande considération à la personne qu'il rencontrait, il s'inclinait très-bas, d'assez mauvaise grâce et sans rien changer d'ailleurs à l'attitude que je viens de décrire.

Il voulait servir de modèle de subordination à toute l'armée. C'est pourquoi son aide de camp Tichinka avait mission de lui ordonner formellement de quitter la table, si, par hasard, il s'oubliait à manger plus que d'ordinaire. Se retournant alors, Souworow demandait d'un ton mi-sérieux, mi-plaisant : « De quelle part ? »

— Par ordre du maréchal Souworow.

— « Il faut qu'on lui obéisse, » répondait-il en riant... Et il se levait.

La même cérémonie se renouvelait lorsqu'il restait trop longtemps sous la tente, ce qui lui arrivait quelquefois, et il allait aussitôt se promener.

Son désir de se faire adorer du soldat en faisant, comme eux, *en toute occasion*, le poussait aux actes les plus singuliers. Ici, je copie plus que jamais le colonel de Guillaumanches, qui approuve d'ailleurs sans réserve ce qu'on va lire :

« Si Souworow était pressé de quelques besoins, soit à la parade, soit pendant quelques manœuvres publiques, il y satisfaisait devant tout le monde afin que le soldat n'eût pas honte, en l'imitant, de céder publiquement aux besoins que la nature a imposés à tous les hommes ; mais, aussitôt après, il se faisait apporter de l'eau et une serviette, pour se laver et essuyer les mains, croyant faire en cela un acte de propreté, et rendre un hommage public à la pudeur.

« Je l'ai vu tout couvert de ses ordres nombreux, surchargé de diamants, vêtu d'un uniforme de feld-maréchal enrichi de superbes broderies sur toutes les tailles, se moucher dans ses doigts qu'il essuyait sur sa manche, et cela uniquement parce qu'il se trouvait devant quelques soldats. La première fois que je fus témoin de cette singularité, il s'aperçut d'un mouvement d'étonnement dont je ne fus pas maître et me dit : « Lorsqu'ils voient leur général « se moucher comme eux dans ses doigts, ils n'au- « ront ni honte ni regrets de ne point avoir de mou- « choirs. »

Si Souworow se mouchait dans ses doigts, il ne se piquait pas moins d'une grande délicatesse sur ce chapitre de la civilité puérile et honnête. « L'usage généralement reçu dans la bonne compagnie, de cracher dans son mouchoir lorsqu'on est en société, lui était souverainement antipathique, et lui faisait éprouver un dégoût qui se peignait sur tous ses traits :

« Crachez loin de vous! disait-il, et ne renfermez pas avec soin dans votre poche ce que vous trouvez trop sale pour mettre à terre. »

Quel dommage que Souworow n'ait pas connu le système japonais où le mouchoir est remplacé par une provision de petits carrés de papier !

L'ordonnance de sa maison répondait à la simplicité primitive de ses manières. Il n'avait qu'un seul aide de camp particulier, ancien soldat qui l'avait sauvé dans une action et que plus tard il avait fait colonel. Il n'avait également qu'un seul domestique. Aux jours de cérémonie, il prenait autant de soldats ou de Cosaques que son service l'exigeait. Sa voiture était un *kibitk*, charrette russe trainée par des chevaux de réquisition. Lui-même n'avait pas de cheval, et dans une manœuvre ou à la guerre, il montait le premier coursier venu.

Dès que l'armée campait, Souworow abandonnait la maison choisie pour son quartier général et il n'y entrait guère que pour dîner. Sa tente, — une tente de simple officier, — était dressée dans un coin du jardin. Même dans le palais de l'impératrice, son lit se composait invariablement de quelques bottes de foin recouvertes d'un manteau d'uniforme.

Très-ladre, comme on l'a vu par certains détails, Souworow savait dépenser. A Varsovie, le payeur de son armée prend les cent cinquante mille francs qu'il avait en caisse pour payer une dette de jeu. L'affaire s'ébruite, mais le maréchal paye de ses deniers en écrivant à l'impératrice : « Il est juste que je réponde de mes officiers. »

En 1796, il sollicite des dons de terres pour les officiers qu'il a distingués. Comme la réponse tarde, il distribue une de ses propriétés particulières et il écrit de nouveau : —« J'ai vu que ma demande était indiscrète. Riches comme nous le sommes des bienfaits de notre souveraine, il est juste que nous partagions avec ceux qui l'ont bien servie. »

Il détestait les courtisans et ne manquait pas l'occasion de leur faire une avanie. Après l'avoir rappelé d'exil, l'empereur Paul l'envoie complimenter par son favori le comte K. On l'annonce.

« K. ! s'écrie Souworow. Le comte K. ! Mais je ne connais pas de famille russe de ce nom. Au surplus, qu'il entre. »

Le comte est introduit. Même répétition de la scène. Le maréchal joue toujours l'étonnement et finit par lui demander de quel pays il est originaire.

« Je suis natif de la Turquie, répond le comte, c'est à la grâce de l'empereur que je dois mon titre.

— Ah !... Vous avez sans doute rendu quelques services éminents. Dans quel corps avez-vous servi ? A quelles batailles avez-vous assisté ?

— Je n'ai jamais servi dans l'armée.

— Jamais ! Vous étiez donc employé dans les affaires civiles. Et dans quel ministère ?

— Dans aucun. J'ai toujours été auprès de l'auguste personne de Sa Majesté.

— Ah ! mon Dieu ! et en quelle qualité ?

— J'ai été le premier valet de chambre de Sa Majesté impériale.

— Ah ! très-bien, s'écrie Souworow. »

Puis, se retournant vers son domestique :

« Iwan, vois-tu ce seigneur ? Il a été ce que tu es.
A la vérité, il l'était auprès de notre très-gracieux
souverain. Quel beau chemin il a fait ! Il est devenu
comte ! il est décoré des ordres de Russie !... Ainsi,
Iwan, conduis-toi bien ! Qui sait ce que tu peux
devenir. »

Un autre jour, il rencontre sur l'escalier du palais impérial un chauffeur de poêle, c'est-à-dire l'un
des plus humbles domestiques de la maison. Aussitôt, il lui donne la main, il l'embrasse et se recommande avec chaleur à sa protection. Étonnement
général des courtisans.

« Que voulez-vous, leur dit-il, j'ai entendu dire
qu'à la cour le plus piètre personnage pouvait nuire.
Je me mets donc au mieux avec tout le monde. »

J'ai dit que Souworow se trouvait bien des seaux
d'eau froide qu'il se faisait jeter chaque matin sur le
corps. Pour pousser son armée dans la voie de l'hy-
drothérapie, il se plaisait assez souvent à l'enrhu-
mer. « Je me rappelle, raconte Guillaumanches,
qu'un jour de janvier, à la parade, sur la grande place
de Varsovie, il était onze heures, un corps d'environ
dix mille hommes, rangés en carré, remplissait cette
place. Le froid était excessif; un givre glaçant tom-

bait du ciel. Le maréchal, vêtu en simple veste de
basin blanc, commence son discours accoutumé. Il
s'aperçoit bientôt que la rigueur de la saison faisait
trouver ce discours beaucoup trop long; dès lors, il
le fit durer environ *deux heures.* Chacun rentra
dans son quartier, transi de froid, et presque tout le
monde, officiers, sous-officiers, soldats furent enrhu-
més. Le maréchal, malgré sa veste de basin, ne le fut
pas. Rarement je l'ai vu plus gai ; ses appartements
retentissaient d'éclats de toux continuels; c'était
pour lui une douce satisfaction de les entendre. »

Comme tous les originaux célèbres, Souworow
n'aima point les femmes ; — elles ont un tact si mer-
veilleux pour dérouter les affectations de l'orgueil
masculin.

Quand, par hasard, il se trouvait en leur présence,
il évitait de porter les yeux sur elles et surtout de
les toucher. Il se maria par devoir, sans se laisser
captiver davantage par l'amour conjugal. Au sortir
des appartements de sa femme, où il ne se présentait guère, « il se faisait jeter plusieurs seaux d'eau
sur le corps comme pour se purifier. »

Il fut bon père, cependant. Au moment d'entrer
en campagne sur un point fort éloigné, il se détourne
de sa route pour voir sa famille, gagne Moscou en
poste, sans s'arrêter ni jour ni nuit, descend à la
porte de son hôtel, et monte sans bruit à la chambre
où ses enfants sont couchés. Une bougie à la main,
il entr'ouvre les rideaux, considère un moment les
objets de sa tendresse, les bénit, les embrasse dou-

cement et remonte vite en voiture sans que leur
sommeil ait été troublé.

Souworow était religieux dans toute l'étendue du
mot. Non-seulement il lisait son office divin tous
les matins, mais il avait enjoint à tous ses officiers
de réciter la prière à voix haute devant leurs soldats.
Même devant un simple pope il s'arrêtait volontiers
et demandait sa bénédiction. Devant un évêque, il
ne se dispensait jamais de cette marque de respect.

Les ministres de tous les autres cultes avaient
droit à ses égards particuliers. C'est ainsi qu'arrivant
en Suisse, à l'Altorff de Guillaume Tell, il s'em-
pressa de descendre de cheval pour demander la bénédiction du curé. — Ce qui ne l'empêchait pas,
quelques minutes après, de faire donner cinquante
coups de bâton au même ecclésiastique, sur je ne
sais quelle plainte. « Ses respects, dit Guillaumanches, étaient pour le ministre des autels et la punition pour l'homme délinquant. » — Il est probable
que le pauvre curé eût donné volontiers tous ces
égards pour un seul coup de knout.

Dans ce grand respect pour la religion, entrait
d'ailleurs un vif sentiment hiérarchique. Souworow
eût confondu volontiers, comme son empereur, le
pouvoir religieux et le pouvoir militaire en sa seule
personne. A l'église, dès qu'il avait reçu la bénédiction du prêtre officiant, il se retournait vers ses officiers et les bénissait à son tour.

A table, après le *Benedicite* dont il ne se dispensait jamais, il lui arrivait souvent de donner « une petite bénédiction » à ses voisins. Si on ne répondait point *Amen*, il disait en riant : « Ceux qui ne disent point *Amen* n'auront point d'eau-de-vie. » — On sait que le verre d'eau-de-vie tient au commencement des repas russes, la place de notre verre de vin de Madère.

Lorsqu'il fut exilé dans un de ses villages, il passait une grande partie du temps à l'église, dont il s'était fait nommer marguillier, chantant les offices « avec force contorsions » et, même, sonnant jour et nuit les cloches à la place du sonneur.

La cause de cet exil est assez curieuse pour être rapportée ici. L'empereur Paul Ier avait eu l'idée de régler la coiffure de son armée. Partout, il avait fait envoyer de petits bâtons modèles pour la mesure des boucles et des queues de l'armée. Souworow se moqua de cette minutie. Ses propos lui valurent bientôt un ordre d'exil auquel il se soumit avec éclat. Vêtu en simple grenadier, il assembla ses troupes et se dégrada à leurs yeux de toutes ses décorations qu'il plaça sur une sorte d'autel formé par des tambours et des timbales. — « Camarades, s'écrie-t-il, un temps viendra peut-être où votre général reparaîtra au milieu de vous ; alors il reprendra ces dépouilles qu'il vous laisse et qu'il portait toujours dans ses victoires. »

A peine était-il retiré à Moscou qu'un nouvel ordre l'expédie dans un village. L'histoire de sa dégrada-

tion volontaire avait sans doute accru la colère impériale.

L'officier de police chargé de le conduire avait
mission de lui donner quatre heures pour se préparer au départ.

« Quatre heures ! mais c'est trop de bonté, s'écrie
ironiquement le maréchal... Une heure suffit à Souworow. ».

Et apercevant un carrosse à sa porte, il continue
sur le même ton : « Souworow allant en exil n'a
pas besoin d'un carrosse, il peut bien s'y rendre
dans l'équipage dont il se servait pour aller à la cour
de Catherine ou à la tête des armées. Qu'on amène
un kibitk ! »

Revenu à de meilleurs sentiments, l'empereur
l'appelle par une lettre autographe à Saint-Pétersbourg, mais le proscrit s'arrête à la suscription :
Au feld-maréchal Souworow, et refuse d'en lire davantage, déclarant que s'il était maréchal il ne serait
pas exilé et gardé dans un village. « Je ne suis qu'un
vieux soldat ! — dit-il. »

Il fallut que Paul Ier écrivît une nouvelle lettre
en mettant cette fois : *A mon fidèle sujet Souworow.*

Comme tous les Russes, Souworow avait le don
des langues ; il en parlait huit et s'exprimait très-
bien en français. Il avait lu beaucoup, connaissait
l'histoire ancienne et en abusait parfois pour se
placer au-dessus de César et d'Annibal. A cette admiration peu modeste de lui-même, il donnait ce
singulier motif : « Les Romains croyaient bon de

se vanter beaucoup en public, parce que cela donne de l'émulation à celui qui écoute. »

N'en déplaise à Guillaumanches, qui trouve cette théorie superbe, je crois que sur ce point, comme sur beaucoup d'autres, Souworow ne voyait que le petit côté des choses. — N'importe en quel monde, la modestie d'un homme remarquable frappe beaucoup plus qu'une outrecuidance systématique.

M. DE DOUDEAUVILLE.

Avec Louis-François-Sosthènes de Larochefoucauld, duc de Doudeauville, a disparu un type excentrique pour notre temps, car il était le dernier
qui conservât les *us* de l'ancienne aristocratie. Nous
ne rappellerons ici ni l'auteur de *Maximes* que sa
parenté avec Larochefoucauld ne suffit pas pour expliquer, ni le directeur des Beaux-Arts qui fit une
petite guerre aux nudités des Tuileries et aux jupes
courtes de l'Opéra. Nous ne voulons voir que le
type du parfait gentilhomme, et nous prétendons le
faire suffisamment apprécier en rendant compte de
l'emploi d'une de ses journées, — autant vaut dire
de toutes, car il lui en coûtait de changer ses manières d'être. Nul n'a plus ponctuellement payé sa
dette aux obligations de ce bas monde.

Dès six heures du matin, Baptiste, le chasseur,
pénétrait dans la chambre à coucher, grande pièce
tendue de rouge fleurdelisée d'or, pleine de livres et
de portraits de famille. Il disait à haute voix, selon
l'ordre formel qu'il en avait reçu :

« Il est l'heure, monsieur le duc ! — Il ne faut pas être paresseux. »

Et le duc de sauter vite hors du lit, de passer son pantalon à pied rouge, d'endosser sa robe de chambre rouge et d'aller s'installer en face de son bureau à cylindre, dans un petit fauteuil donné par Louis XVIII.

Sur ce bureau, à côté de boîtes de pastilles et de cigarettes, reposait un choix de publications récentes. Notre lecteur matinal prenait un livre et l'annotait au crayon. Ces annotations, recopiées ensuite sur des feuilles volantes, étaient interfoliées plus tard, par le relieur, dans le volume, où toute trace de crayon était soigneusement effacée à la gomme.

A sept heures, arrivait M. Charles Bonnet, le secrétaire particulier ; il dépouillait le courrier, en faisait lecture, et transcrivait séance tenante les missives dictées par le duc, mais toujours signées par lui en grandes lettres serrées qui sentaient d'une lieue leur dix-septième siècle.

A dix heures, entrée du coiffeur et du déjeuner. Sauf exception, le déjeuner, servi sur une petite table à écran placée devant la cheminée, se composait d'un potage gras, d'une côtelette et de pommes de terre à la crème. Son appétit satisfait, M. de Doudeauville travaillait une pâtée destinée à son griffon favori. Puis, il abandonnait sa tête aux soins de M. Museux, son coiffeur, en répétant :

« Tu vas encore m'arracher quelques cheveux.

— Oh ! il n'y a pas de danger, monsieur le duc.

— Tu le sais ! autant de cheveux arrachés, — autant de bottes ! »

Et en effet, dès que le fer du malheureux artiste tirait le moindre poil, il se voyait porter, par la main ducale, une botte en plein abdomen. Si la séance était bonne, il recevait une pastille en signe de satisfaction ; s'il n'avait pas été adroit ou si le duc s'était montré trop nerveux, la retraite de Museus était, au contraire, troublée par une dernière botte ; — la plus furieuse de toutes.

Jusqu'à onze heures, M. de Doudeauville donnait ses audiences. Il était fort accessible et fort libéral, — deux qualités qui suffisaient pour lui valoir une clientèle de sénateur romain.

D'une exquise politesse pour les femmes, il se levait toujours pour elles, et s'avançant jusqu'à la porte, il disait à la visiteuse, quel que fût son âge : « Madame, je suis à vos pieds. Daignez entrer. Veuillez vous asseoir. »

Et tout en écoutant, il arrachait une à une les papillotes de Museus. Il finissait cette opération en fixant sur sa tête un grand peigne circulaire qui maintenait l'encadrement exact de ses boucles.

A onze heures, ses petits-fils venaient recevoir le baiser paternel. Puis, M. de Doudeauville appelait Baptiste pour l'habiller et entamait sur le choix du vêtement le plus en harmonie avec l'état de la température une discussion dont ce fidèle serviteur ne manquait jamais de trancher le nœud. Sa toilette faite, il passait chez la duchesse et assistait, sans y prendre part, au déjeuner de famille.

Vers une heure, les passants de la rue de Varennes voyaient s'ouvrir les portes de l'hôtel du numéro 47, et un suisse en grande tenue frapper sur le pavé un coup retentissant de sa longue canne. — C'était le duc qui sortait en voiture.

Une fois rentré, il s'habillait de noir, mettait une cravate blanche et présidait le dîner, auquel toute la famille assistait invariablement en grande toilette. — Puis on passait au salon, qui était resté le rendez-vous, sans mélange, du noble faubourg.

Là aussi se réunissait, à de certains jours, la Société orientale, dont M. de Doudeauville était le président et aux séances de laquelle il ne manqua jamais de paraître orné de toutes ses décorations, y comprise la grand'croix de Saint-Janvier. Ces minuties de l'étiquette étaient pour lui une loi.

Il était grand d'Espagne de première classe et ancien colonel de la garde nationale parisienne, — deux titres qui ont dû marcher de compagnie pour la première fois.

Longtemps avant sa mort, M. de Doudeauville ne voulait plus entendre parler de médecin. C'était à la somnambule qu'il demandait la guérison du catarrhe qui le tourmentait. Celle-là paraissait avec son fils, jeune enfant dont elle avait fait son magné-

tiseur. Elle donnait sa consultation dans la chambre
même où notre indiscrétion a conduit le lecteur.

C'est là aussi que le duc entendait la messe lorsque
son état de santé ne lui permettait pas d'aller aux
offices.

Le manuscrit de ses *Mémoires*, — dont quelques
volumes ont paru en divers temps, — ne compte pas
moins de cent quinze cahiers in-folio. Il fit en outre
beaucoup de brochures politiques, dont l'une lui valut (1833) trois mois de prison et mille francs
d'amende. Comme citoyen, il prit toujours une part
active aux affaires du pays. En 1845, il vint présenter à la Chambre des députés une pétition, où il
réclamait, au nom de la France, et en vingt-deux
articles, vingt-deux libertés nouvelles.

« Si nous pouvions seulement en obtenir la moitié, — disait le *Corsaire*, — nous ne disputerions
pas sur le reste. Si même la Chambre en accor-
dait seulement un quart, nous serions encore satisfaits. »

Mais le véritable rôle du duc de Doudeauville date
de la Restauration, où il fut l'une des causes secrètes qui rapprochèrent Louis XVIII de M. de Vil-
lèle, par l'intermédiaire de Mme de Cayla.

Nous avons dit combien M. de Doudeauville était
bon et généreux. De pareilles qualités sont hérédi-
taires dans la famille à un degré inouï. — On en ju-
gera par le *fait divers* que nous allons rappeler; il a
été reproduit en 1850 par tous les journaux :

« Le sieur Lebouetti, ancien gentilhomme ordinaire de la Chambre du roi Charles X, a comparu
devant la Cour d'assises de la Seine ; il était accusé
d'avoir détourné, au préjudice de Mme la duchesse
douairière de la Rochefoucauld-Doudeauville, dont il
était l'intendant, une somme de plus de 600,000 fr.,
y compris les intérêts ; déclaré coupable par le jury,
il a été condamné à dix années de réclusion.

« Cette affaire a révélé l'extrême générosité de
Mme feu la duchesse de Doudeauville, qui, après
avoir obtenu l'aveu d'une soustraction énorme, non-
seulement avait pardonné à son intendant, mais avait
encore augmenté son salaire de 1,000 fr., à la condition que pour cette faute et par expiation il la ver-
serait chaque année dans la caisse d'une maison de
charité dont elle était la fondatrice. Cette bonne
dame a été bien récompensée ! »

CHODRUC-DUCLOS.

Ce gueux célèbre a eu, de son vivant, en 1829, les honneurs d'une biographie en quelque sorte officielle.

Le portrait, placé en tête du volume, est superbe. Chodruc est représenté marchant les mains croisées derrière le dos, selon son habitude. Le profil, régulier, ne manque pas de dignité. L'œil est beau ; le nez, aquilin ; les lèvres, fortes ; la barbe et les cheveux vont se perdant sous le collet d'une redingote haut montée. Le dos est voûté, mais les épaules sont larges, et les mollets affectent une saillie vigoureuse.

La tenue est celle d'un homme qui serait sorti depuis dix ans sans changer d'habits. Le fond du chapeau s'est affaissé ; ses bords se contournent comme ceux d'une salade de ligueurs. Redingote et pantalon sont déchirés avec le plus grand art. Ce ne sont que créneaux et dentelures compliquées comme celles des jupes portées aujourd'hui par nos petites maîtresses. Les crevés sont nombreux. Au travers du

drap le coude s'est fait jour; les genoux se montrent
à nu; il y a solution de continuité dans bien des
coutures. Quant aux bottes, il n'en reste plus qu'une
paire de semelles retenues par des lanières croisées
sur des pieds, emmaillotés de chiffons.

Sous cette livrée de haillons, qui reconnaîtrait un
ex-*beau* de l'Empire? Chodruc avait été le lion de
cette ville coquette qui se nomme Bordeaux. Et
alors, on ne l'appelait que le *Superbe,* comme plus
tard on ne l'appela que *l'Homme à la longue barbe.*

Fort, beau, adroit, passionné en toutes choses, le
Superbe avait fait parler de lui de bonne heure. Lé-
gitimiste exalté, sa vie n'avait été qu'une lutte con-
tinuelle contre le pouvoir de la République et du
Consulat, — lutte pleine d'épisodes romanesques.

Sa première équipée date du siége de Lyon.
Fuyant la maison paternelle, il court se joindre
aux défenseurs de la ville. Après la prise de celle-ci,
le voilà captif des républicains. Mais il est déjà l'enfant chéri des dames, et il est sauvé par une Lyonnaise. — L'histoire ne dit pas à quel prix.

La jeunesse de Bordeaux l'accueille, au retour, à
bras ouverts. Considéré comme un modèle de bravoure, il veut être aussi le Brummel de la Gironde.
Son tailleur lui ouvre un crédit de soixante mille
francs par an; il change trois fois de chemise en
douze heures et se sert des foulards les plus fins
pour tirer ses bottes, — car il n'y avait alors de
bottes bien faites que celles où l'on ne pouvait
entrer.

Toutes ces coquetteries étaient soutenues par un poignet de fer. Un soir, au théâtre, dans une loge, le *Superbe* voit insulter une jeune mère par deux malotrus. Il s'élance, il prend le plus mutin au collet, et le tient quelque temps à bras tendu dans le vide, au-dessus du parterre, en criant : *Gare là-dessous !* Sur la prière de l'offensée, il consent cependant à reposer l'offenseur dans la loge, et il se retire... Saisie d'admiration, la dame ne put oublier le *Superbe*, et si, comme la Lyonnaise, elle n'avait pas à lui sauver la vie, elle lui sacrifia du moins sa fortune. Elle était veuve, riche, et *sensible*, comme on disait alors.

Chodruc était passé maître au tir et à l'escrime. Son biographe veut que ce soit sans avoir fréquenté les salles d'armes. Il aurait même refusé de prendre jamais leçon en disant : « Si j'ai le malheur de tuer jamais mon semblable, je ne veux pas du moins qu'il soit dit que je l'ai appris. »

La réponse est belle, mais j'y crois faiblement. On ne peut bien tenir une épée ou un pistolet sans s'y préparer d'un façon qui sente l'étude.

Chodruc allait donc souvent sur le terrain, suivi par la voiture de la sensible veuve, toujours prête à recueillir le blessé. Avec toute son adresse, il n'était pas invulnérable, mais il avait des manières à lui de se consoler d'un coup de pointe.

« Je ne donnerais pas ma blessure pour vingt-cinq louis, disait-il un jour en quittant Raynal, son médecin.

— Comment cela ?

— Parce que Raynal, en me saignant, a dit qu'il
n'avait jamais vu de plus beau sang. »

Après s'être bien battu avec les particuliers, le
Superbe imagina de lutter avec le pouvoir. Ce n'é-
taient pas les occasions qui manquaient à ses sym-
pathies politiques.

Un jour, deux partisans des Bourbons attendaient
à l'Hôtel-Dieu de Bordeaux le moment de porter
leurs têtes sur l'échafaud. Le *Superbe* rallie plusieurs
partisans déterminés, surprend le mot d'ordre, et
se munit, chez le costumier du théâtre, de plusieurs
costumes de gardes nationaux. Grâce à ces unifor
mes, il organise une fausse patrouille qui enlève les
deux condamnés. Les sauveurs et les sauvés tirent
ensuite aux jambes, mais Chodruc est arrêté à
Saintes et ramené à Bordeaux sous le coup d'un
procès criminel. Il doit son salut à l'éloquence de
l'avocat Ferrère.

Enhardis par ce premier succès, les muscadins
de Bordeaux insultèrent au spectacle le général
Lannes, qui commandait alors la division. Celui-ci
fait, séance tenante, arrêter les perturbateurs. Naturellement, le *Superbe* fait partie de la bande où
brille Peyronnet, un futur ministre. Relâché le lendemain, il se voit saisi de nouveau et impliqué dans
une fâcheuse affaire, à laquelle il échappe encore
en prouvant un *alibi*. Mais toutes ces complications
ne sont pas dénouées avant quatre mois. Pendant
cette longue détention, le *Superbe* ne cesse de don-

ner à ses gardiens les plus chaudes alarmes. Tantôt c'est un gardien dont il fend la tête d'un coup de cruche, tantôt c'est un gendarme dont il arrache le sabre pour tomber en garde dans le vestibule même de la prison.

Deux autres gendarmes mènent le *Superbe* à l'interrogatoire en voiture; il joue si vigoureusement des pieds et des mains que le voilà sautant par la portière et allant se tapir dans les décombres d'une maison démolie. On ne peut l'en tirer qu'après un siége en règle.

Cette fois encore la justice bordelaise use d'une indulgence surprenante; et le *Superbe* en est quitte pour quatre mois de détention.

Au sortir des cachots, Chodruc va respirer à bord d'un bâtiment corsaire, sur lequel il fait une croisière en amateur. Il ne revient au port que pour se brouiller de nouveau avec la gendarmerie. Paris lui paraît devoir être un séjour moins dangereux; là, de nouvelles incartades lui font bientôt donner pour logement l'Abbaye. De guerre lasse, il accepte un ordre d'embarquement pour l'escadre de Bruix, à Brest; mais, en chemin, il tourne à gauche, et va rejoindre les Chouans avec les cinq cents francs que Fouché lui avait donnés pour indemnité de route.

La pacification complète de la Bretagne et de la Vendée ne permet pas au *Superbe* d'exercer beaucoup de bravoure sur ce nouveau terrain. Force lui est de rentrer dans ses foyers avec un passe-port du général Hédouville. Mais il est trop connu à Bordeaux, et Fouché ne veut point se laisser mystifier deux fois. On reprend le *Superbe*, on le dirige sur Vincennes, puis sur Bicêtre, d'où la Restauration seule put le faire sortir.

Aux Cent-Jours, il se jette dans la Vendée. Son dernier duel l'y attendait.

Un Larochejacquelein, son compagnon d'armes, le traite de *roturier* :

« Je m'en fais gloire, répond Chodruc. Je me bats pour mon roi, et non pas, comme vous, pour un morceau de parchemin. »

Puis, il force son compagnon d'armes à se rendre sur le terrain, et il le tue. — Quelle leçon de principes ! Et quel théâtre bien choisi pour la donner !

Du reste, cette rencontre devait être aussi fatale au roturier qu'au noble. Les Larochejacquelein demandèrent justice au roi, et le bouillant défenseur de la légitimité fut condamné à ne rien recevoir de cette Restauration pour laquelle il avait fait tant de coups de tête.

Il a beau provoquer le colonel Fabvier au restaurant et le blesser à l'épaule sans lui laisser le temps d'avaler son potage ;

Il a beau voir Peyronnet, son ancien compagnon, devenir garde des sceaux ;

La manne officielle ne tombe pas pour lui.

On lui offre, il est vrai, l'épaulette de commandant de gendarmerie. Mais elle paraît trop mesquine à cet ancien enfonceur de gendarmes. — Il veut être colonel, et même général, au dire de certains. On le laisse marchander, on le laisse s'user, se froisser, s'aigrir au milieu des humiliations et des déceptions qui attendent à Paris plus d'un pétitionnaire. Et si Chodruc menace, la police de M. Decazes, encore un enfant de la Gascogne, est là pour lui prouver qu'elle saura suivre l'exemple de Fouché.

C'en est fait alors. Notre solliciteur crache sur l'humanité. Il vivra désormais en cynique. Le *Superbe* ne sera plus que l'*Homme à la longue barbe* du Palais-Royal, car c'est au Palais-Royal, c'est au centre même de l'élégance parisienne de son temps, que, nouveau Diogène, il étalera ses haillons, c'est là que sa dégradation physique insultera publiquement à l'ingratitude de ses amis du pouvoir.

Dès lors, son chapeau et ses vêtements devinrent petit à petit ceux du portrait que j'ai décrit en commençant. Sa redingote passa successivement du bleu au violet, du violet au gris poussière, et du gris au noir de crasse. En 1830, les lambeaux qui le couvraient étaient attachés avec des ficelles; les feuilles de papier chargées de boucher les trous jouaient d'assez mauvaise grâce le rôle de crevés dans le costume de ce nouveau don César de Bazan.

A dix heures du soir en hiver; à minuit, en été, Chodruc quittait sa promenade favorite pour se perdre dans les ruelles immondes sur lesquelles se dresse aujourd'hui le grand hôtel du Louvre. Il entrait dans un hôtel du dernier ordre, jetait sans dire un mot sa pièce de vingt sous sur la table, prenait une chandelle et montait à une chambre dont il refusait d'ouvrir la porte à qui que ce fût. De deux à quatre heures de l'après-midi, selon la saison, il se levait, descendait, remettait la clé aussi silencieusement que la veille, et allait s'attabler chez une fruitière du voisinage où il proportionnait son appétit au contenu de sa bourse. Puis, il allait digérer au faubourg Saint-Germain, et revenait invariablement au Palais-Royal.

Si rude et si abject que fût le monde au milieu duquel vivait Chodruc, on y redoutait sa malpropreté, son mutisme, ses colères parfois terribles, le sans-façon avec lequel il vaguait souvent tout nu dans l'hôtel où il passait la nuit. Dans deux bouges de la rue Pierre-Lescot, l'hôtel de France et l'hôtel de Lyon, on se vit obligé de recourir à la force publique pour lui faire changer de domicile. L'hôtel de Verdun fut, je crois, sa dernière demeure.

Au Palais-Royal, les promeneurs et les marchands souffraient plus encore que les habitants de la rue Pierre-Lescot. La pudeur publique invoqua la rigueur de l'autorité. En 1828, après cinq années de promenades, l'*Homme à la barbe* parut deux fois sur les bancs de la police correctionnelle. On apprit alors, non sans étonnement, que ses tantes de la Réole lui avaient laissé douze cents francs de rentes, et qu'il possédait une petite ferme sur les bords de la Garonne, sans préjudice de ce que lui donnaient ses anciens amis du noble faubourg.

Un côté caractéristique du caractère de Duclos, c'est que, s'il ne rougissait pas de demander, il s'indignait de ce qu'on lui offrît.

Les personnes compatissantes qui croyaient lui devoir une charité se voyaient repoussées par un : « Je ne reçois rien, » — ou — « Gardez votre argent, j'en ai peut-être plus que vous. »

Aux juges qui l'interrogeaient, il se contentait de répondre :

« Mes moyens d'existence ! J'emprunte à ceux que je connais et qui savent que je pourrai leur rendre... La pudeur ! Je n'y ai jamais porté atteinte. Chaque jour, avant de sortir, je répare mes vêtements. Depuis cinq ans, je n'ai pas découché. Ce n'est pas là être un vagabond. »

Ce qui ne l'empêcha pas d'être plusieurs fois condamné à la prison, en 1828, en 1829 et en 1836.

Outre la *biographie* que j'ai citée, j'ai trouvé des notes sur Duclos dans une *Histoire des fous célèbres* imprimée en 1835 et dans un article de l'*Encyclopédiana*. Ce dernier n'a guère plus d'une page, mais il est spirituellement fait, et je regrette de n'en pas connaître l'auteur ; je lui emprunte ces dernières lignes :

Chodruc-Duclos, qui avait vécu dans l'intimité des hommes les plus distingués parmi ses compatriotes, avait-il jamais été un homme d'esprit, je l'ignore. Ce que je puis dire, c'est que son esprit avait suivi sa fortune, et que ses rares discours n'étaient guère plus élégants que sa culotte.

Au surplus, il parlait peu ; par la raison qu'on ne lui donnait pas le temps de faire de longues conversations, ses contribuables n'ayant rien de plus pressé, après avoir donné leur aumône, que de quitter sa compagnie. Il ne cherchait pas à les retenir.

Le Palais-Royal était pour lui comme une grande toile d'araignée dont il était le maître, et dont il avait calculé les lignes, les arcs et les tangentes. Sa vue, des plus perçantes, apercevait d'un bout à l'autre du jardin les personnes qu'il avait constituées ses tributaires ; il calculait sur-le-champ le circuit et les évolutions qu'il avait à faire pour tomber sur elles à l'improviste et sans qu'elles pussent l'éviter. Son mot était : « Prêtez-moi une petite pièce ; j'ai besoin de prendre un bouillon. »

On a déjà raconté que Chodruc-Duclos, apercevant, en 1830, pendant les trois journées, un combattant qui visait des Suisses, prit un fusil, le chargea, et, donnant une leçon de tir au maladroit plébéien, tua un Suisse, par manière d'exemple. Puis remit le fusil aux mains qui le lui avaient confié, en disant : « Voilà la manière de s'en servir ; je vous le rends parce que ce n'est pas mon opinion.»

Cette anecdote inventée exprime assez bien l'attitude de cette espèce de lazzarone devenu indifférent à tout ce qui passionnait la foule autour de lui, mais en qui devait survivre, quoique comprimé, le goût des exercices où il avait excellé.

En terminant, je m'aperçois que je n'ai pas touché un mot d'une correspondance amoureuse publiée dans la biographie dont j'ai parlé dès le commencement de cette notice. — En tout, je n'y compte que cinq lettres assez médiocres, toutes relatives à des querelles de famille, à des pertes de jeu. Nul fragment ne peut mieux que celui-ci faire juger du caractère et du style de Chodruc. Il dépeint sa rentrée de vive force dans la maison maternelle :

... Je frappe ; le bon chien de garde répond et semble avertir le domestique d'aller ouvrir. Je frappe, je frappe, je frappe ;

point on ne vient ouvrir : je me méfie de tout, et sors de devant la porte, semblant croire que *madame* ma mère n'est pas
encore rentrée ; et cependant je ne doutais de rien. Je m'a-
chemine vers *Tourny,* et là, je me livre à bien des idées : je
m'arrête à celle de revenir à la charge, et si l'on ne m'ouvre
la porte, à l'enfoncer. Très-résolu, je marche à grands pas ; je
frappe de nouveau ; un voisin officieux, pour épargner ma
peine, me dit qu'il n'y a personne ; qu'on est parti. Je ne ré-
ponds point, je frappe encore pour la dernière fois ; j'essaye
si la porte est enfonçable : je trouve beaucoup de résistance ;
mais comptant sur ma force, je vois un moyen de réussir,
c'est de me fracasser contre la porte ou de fracasser la porte.
Je traverse la rue bien directement devant l'endroit qui m'offrait le plus beau jeu ; et là, prenant ma course avec la vio-
lence que vous me connaissez, je me précipite sur la porte, je
l'enfonce et tombe avec elle, sans heureusement me faire aucun mal ; je l'arrange ensuite du mieux que je peux, et me
couche...

. Par tout ce qui précède, le lecteur a déjà jugé Chodruc-Duclos. La force et le courage qu'il eût pu si
glorieusement employer dans un temps où l'on se
battait partout furent dépensés sottement et inutilement par lui au milieu d'un monde de viveurs peu
délicats ; pour comble de disgrâce, il ne put se faire
prendre au sérieux par le parti pour lequel il avait
lutté si bruyamment. Dès lors, partisan méconnu,
viveur ruiné, il chercha l'ostentation dans la misère,
comme il l'avait autrefois cherchée dans le luxe.
C'est un faux cynique, car il fut cynique par dépit,
et non par vocation.

PIERRE LE GRAND

On assure qu'entrant à l'improviste dans la cabine d'un capitaine de navire, Pierre le Grand le vit cacher un livre sous la table. Il voulut pénétrer le motif de cette manœuvre, et il découvrit que le capitaine craignait de l'offenser en laissant voir une notice où les Russes étaient représentés comme capable de faire d'excellentes choses, mais à la condition d'être bien battus dès la moindre faute.

Loin de voir une impertinence dans ce jugement, le czar aurait déclaré qu'il contenait une grande vérité.

L'histoire semble digne de foi si on examine de près la conduite du souverain qui en est le héros. Pierre le Grand eut affaire à un peuple sauvage, vis-à-vis duquel la douceur eût paru faiblesse. Aussi son pied, son poing et sa canne peuvent-ils être considérés comme ses trois grands instruments de civilisation.

Sur une fausse dénonciation de Menzikoff, Pierre frappe l'architecte Le Blond, qui a la faiblesse d'en

mourir de honte, bien que le czar, revenu ensuite
de son erreur, ait saisi le dénonciateur au collet et
l'ait rudement frotté contre une muraille.

Après la bataille de Pultawa, il rosse un de ses
officiers qui parlait mal de Charles XII.

A la prise de Narva, il soufflette le comte de Horn,
en l'accusant d'avoir fait répandre trop de sang par
une résistance inutile.

Au milieu des Strélitz conjurés pour l'assassiner,
il frappe à coups de poing et le chef des conjurés et
le capitaine de sa propre garde, venus trop tard, à
son gré, pour le dégager.

Il se lève de table pour rosser un seigneur russe
qui lui donnait à dîner, parce que celui-ci avoue que
sa maison était infestée par les taracanes, — scara-
bées très-communs en Russie et que le czar avait
en horreur.

Il rosse son lieutenant général de police parce
qu'il trouve un pont de Saint-Pétersbourg mal en-
tretenu.

Il rosse Wolinski, son ambassadeur à la cour de
Perse, pour une faute que celui-ci n'avait point com-
mise. Ayant ensuite reconnu son erreur, il s'en excuse ainsi : « Très-fâché, Wolinski! mais vous mé-
riterez bien cette petite correction quelque jour, et
alors faites-moi souvenir que vous avez du crédit. »

Et comment Wolinski se serait-il plaint, quand la
même infortune était échue au fastueux Menzikoff
lui-même, à Menzikoff son favori, auquel le czar
confiait le soin de le représenter près des cours
étrangères. Il avait beau être en grande tenue, dans

son carrosse à six chevaux, au milieu d'une nuée de pages et de chambellans, — si le maître était mécontent, il fallait bien vite descendre pour accepter publiquement une ration de coups de canne, puis remonter en voiture avec la même sérénité que s'il avait reçu des compliments.

Quelquefois la canne opérait sur les masses.

Ainsi, le Sénat avait ordre de s'assembler tous les jours dès huit heures du matin pour expédier les affaires de l'empire. Un jour, Pierre le Grand arrive de voyage à l'improviste, et ne trouve personne en séance. Les sénateurs, trop confiants en l'absence du maître, dormaient la grasse matinée. Il les fait quérir sans délai, et se tenant à la porte, il distribue à chacun dès l'entrée une volée terrible.

Un seul sénateur, âgé et infirme, averti par les sentinelles, échappe en criant d'une voix suppliante :

« Père, si tu me frappes comme les autres, je suis un homme perdu. »

Enfin, n'oublions pas que le czar battit le chef de ses cuisines pour avoir laissé manger un morceau de son fromage favori, — le fromage de Limbourg, — qu'il avait, en bon ménager, pris soin de mesurer avec un compas après son repas de la veille.

La canne, — qui jouait un rôle si actif, — portait le nom de *Dubina* (en russe : *gros bâton*). C'était un gros jonc à pomme d'ivoire, qui devait rudement frapper lorsqu'il était manœuvré par un homme de six pieds trois pouces comme Pierre le Grand. Après

sa mort, elle fut placée au musée de l'Académie, à
côté des habits qu'il portait d'ordinaire.

La vue de cet instrument rappelait plus d'un souvenir désagréable aux visiteurs. Aussi Stœhlin raconte comment, se promenant un jour au musée, il
entendit Velten, le cuisinier en chef dont nous venons de parler, dire au conservateur Schumacher :
« Mon gendre, vous devriez bien mettre cet instrument de côté et ne pas le montrer, car ceux qui le
voient tremblent qu'il ne danse sur leur dos, comme
il a fait souvent sur le mien. »

De semblables corrections n'avaient d'ailleurs rien
de déshonorant pour la dignité nationale. Les
Russes n'en mouraient pas comme ce pauvre Le-
blond. Puis, le czar faisait souvent luire un rayon
de soleil après l'orage. C'est ainsi qu'après avoir
bâtonné son lieutenant de police, il l'invitait à prendre place à ses côtés dans sa carriole, lui disant
avec bonté : *Sadiss, brat!* (assieds-toi, frère!)

Une fois en vie, Pierre le Grand fut las de châtier
de sa propre main. Il éprouva le besoin de s'adjoin-
dre un homme, je devrais dire un bâton. Il jeta les
yeux sur un capitaine nommé Sinœwin qui avait
pris deux frégates au commencement de la guerre
avec la Suède. Nommé contre-amiral, doté d'une
gratification de dix mille roubles, quelle ne fut pas
la joie de ce vaillant marin lorsque le czar daigna
lui dire :

« Je te fais mon confident, et je te chargerai de
punir ceux qui manqueront à leur devoir. »

Comme la charge n'était pas une sinécure, Pierre ne tarde pas à dire à son *confident* :

« Nous dînerons demain chez un seigneur qui a commis des exactions. Pendant le repas, tu le querelleras sous le premier prétexte venu, et tu ne le lâcheras pas sans lui avoir appliqué cinquante coups de bâton... pas un de moins ! ».

L'amphitryon, rossé aussi vigoureusement que le programme le voulait, se traîne aux pieds du maître ; il lui demande justice.

« Pourquoi as-tu rançonné telle et telle ville ? se contente de répondre celui-ci, tu n'as que ce que tu mérites. Sinœwin a bien fait. Trinque avec lui, embrassez-vous... et sois plus sage ! »

Pierre le Grand donnait parfois à ses corrections un vrai prologue de comédie.

Quelques princes de sa cour dépensaient au-delà de leurs revenus. Il en fait venir un dans son cabinet ; il lui demande amicalement à quel chiffre montait sa dépense annuelle. Surpris, le dissipateur déclare ne pouvoir répondre bien au juste, mais il propose de consulter son intendant.

« Tu ne sais donc pas, dit Pierre, combien il te faut d'argent ? Je t'aurais cru plus de bon sens. Mais n'importe ! Voyons si nous ne pourrions pas entre nous faire le calcul. Quelques centaines de roubles de plus ou de moins ne seront pas une affaire. »

Et voilà le czar détaillant le budget par chapitre, demandant successivement ce que coûtent les équipages, les domestiques, les habits et les réceptions dé son sujet. Une fois son addition faite, — le total en était considérable, — il opère de même pour les revenus et arrive à un chiffre inférieur de plus de moitié...

« Tu me trompes ou tu pilles mes caisses ! s'écrie-t-il aussitôt en le prenant aux cheveux. »

Après l'avoir bien bâtonné, il le renvoie avec cette péroraison :

« Va-t'en, et fais rendre compte de la même manière à ton intendant. Apprenez tous deux que la dépense ne doit pas excéder la recette et que quiconque vit aux dépens d'autrui est un voleur. »

N'exagérons pas cependant. *Dubina* se reposa en certains jours. — Dans ses moments de bonne humeur, Pierre variait le mode du châtiment. Son ami Menzikoff l'éprouva d'une façon assez comique.

Le czar se reposait à Cronstadt et il avait donné à sa sentinelle l'ordre de ne laisser entrer personne. Menzikoff se présente. On oppose la consigne, et comme il veut passer outre, le factionnaire fait mine de le repousser à coups de crosse. Menzikoff, furieux, demande qu'il soit fait justice de l'insolent.

« Connais-tu ce seigneur ? dit Pierre à la sentinelle.

— Oui, sire... c'est Menzikoff.

— Est-il vrai que tu as voulu lui donner des coups de crosse, et pourquoi ?

— Parce qu'il prétendait entrer malgré l'ordre de Votre Majesté.

— Très-bien ! Qu'on apporte trois verres d'eau-de-vie !... Tenez, Menzikoff, buvez à la santé de ce brave que je fais sous-officier. »

Le favori boit et croit en être quitte.

« Encore un verre, Menzikoff ! Rebuvez à la santé de ce sous-officier auquel je donne le grade de lieutenant. »

Il reboit encore en faisant la grimace.

« Allons, un troisième verre ! fait l'impitoyable autocrate,— portez toujours la santé du lieutenant ; — je le fais capitaine. — Puis, allez le faire équiper conformément à son nouveau grade. Et que dans trois jours il puisse paraître décemment devant moi !... Encore un mot. Si jamais vous vous avisez de chercher à molester un homme qui a fait son devoir, ceci, — et le czar montrait *Dubina*, — ceci vous apprendra le vôtre. »

De tous les actes de ce grand justicier, le plus étrange est certainement la condamnation de la comtesse Hamilton. Suédoise d'origine, dame d'honneur de l'impératrice, la comtesse Hamilton avait toujours été traitée par le czar avec beaucoup de bienveillance ; elle passait même pour avoir été son amie. Peut-être se fia-t-elle trop à une faveur passagère !... En tous cas, aucune sollicitation ne put lui éviter d'encourir la peine capitale pour un triple infanticide.

Le jour de l'exécution, la coupable parut devant e peuple. Vêtue d'une robe de soie blanche garnie de rubans noirs, — coquetterie dernière ! — elle fut conduite au supplice.

L'empereur vint prendre congé de la coupable, et, il lui dit en l'embrassant : « Je ne puis violer les lois pour te sauver. Supporte ton supplice avec courage dans l'espérance que Dieu te pardonnera tes péchés. Adresse-lui ta prière avec un cœur contrit. »

Mlle Hamilton se mit à genoux, pria, et on lui trancha la tête, le czar s'étant détourné.

Tel est le récit fait par Stœhlin, d'après un témoin de l'exécution qui était Vœtius, menuisier de la cour, chargé de dresser l'échafaud.

L'historien édité par le prince Galitzin ajoute que Pierre ramassa la tête tombée, la baisa, détailla en véritable anatomiste les veines du col à ceux de sa suite, puis la réunit au tronc après un second baiser.

Cette funèbre parade n'eût peut-être jamais eu lieu si la comtesse Hamilton eût ménagé la réputation de l'impératrice mieux que la vie de ses propres enfants. Mais elle avait été précédemment convaincue de dire que l'impératrice s'enivrait, et ce délit lui avait déjà valu les *batogues.*

Comme on a le droit de ne pas savoir ce qu'était le supplice des batogues, j'ajouterai qu'il consistait en ceci : — On s'étendait, face contre terre, et deux exécuteurs tenant la tête et les pieds du patient entre leurs genoux, frappaient le corps à coups de baguettes jusqu'à ce qu'il devint bleu. On usait parfois quarante à cinquante baguettes en une séance, car elles se cassaient souvent.

Ce châtiment qui permettait de conserver la che-

-mise; était réservé aux prêtres, à l'armée et aux personnes de distinction.

Nous venons de voir un exemple singulier de l'amour du czar pour la science. Son désir d'instruire la nation russe était si vif qu'il eût appris tous les métiers, — et il en savait beaucoup, — pour les naturaliser ensuite dans ses immenses posses_sions. Tout ce qui se rattachait à la chirurgie lui inspirait surtout un vif intérêt. Il pratiquait des saignées; il fit même la ponction à une hydropique.

Les exploits d'un bateleur qui arrachait les dents avec la pointe d'un sabre lui causèrent un tel enthousiasme qu'il voulut prendre leçon; il en profita si bien que, par la suite, il fit courir plus d'un danger aux mâchoires des personnages qui l'accompagnaient.

Il y eut cependant un Russe qui dut peut-être la vie à ces velléités d'opérateur... Il s'était attiré le courroux de l'empereur et se rendait au palais, non sans grande appréhension, lorsqu'il lui prit l'idée d'entrer en couchant sa joue sur la main comme s'il eût eu une grande rage de dents. Le bâton impérial, qui était déjà levé, s'abaissa devant cette feinte hardie.

« Qu'est-ce?

— Ah! sire... depuis hier... la plus forte rage de dents.

— Est-elle creuse? fait le czar visiblement adouci.

— Elle est gâtée et me cause souvent de la douleur.

— Qu'on m'apporte mes instruments ! »

L'histoire ajoute que le pardon suivit de près l'extraction de cette innocente molaire.

Le procédé s'ébruita et plus d'un coupable inquiet de son sort voulut y recourir. Mais toutes les rééditions de la même scène n'eurent pas un égal succès. Un certain Alsufief, dénoncé pour désobéissance aux ordres impériaux, crut échapper en exhibant sa dent creuse et en entendant son empereur demander ses instruments, mais le czar choisit cette fois la dent la plus forte, la plus saine, et il la tourmenta de telle sorte qu'il souleva trois fois le patient au bout du poignet, avec la vigueur d'un maréchal de village.

Le tour de la dent fut aussi joué par Polbojaroff, valet de chambre du czar, mari malheureux d'une femme acariâtre et galante. Un jour, son chagrin était si visible, que le czar en demandait la cause. Polbojaroff eut l'idée diabolique de prétexter qu'il souffrait pour sa femme en proie au plus terrible mal de dents.

Pierre saisit avec empressement cette occasion de faire une nouvelle prouesse. Il court armé de son *pélican* chez Mme Polbojaroff, la couche par terre et lui extirpe deux dents indiquées par l'époux vindicatif, qui répond froidement aux injures de sa femme :

« Cet emportement prouve combien votre mal

était vif. Toutes les fois qu'il recommencera, je prierai le czar de renouveler cette habile opération. »

Mais la femme ne se tut pas pour cela, et le czar, instruit par elle de la supercherie, chargea la terrible Dubina d'enseigner à Polbojaroff plus de respect pour l'art dentaire.

Pierre le Grand était vraiment trop autocrate pour laisser au pouvoir religieux une prépondérance qui avait contrarié ses prédécesseurs. Il se refusa donc à remplacer le patriarche de l'Église russe, et comme, dans un synode, on le pressait de pourvoir à cette vacance, il se frappa la poitrine en criant :

« Le voilà ! votre patriarche ! »

Les popes pliaient devant cette volonté de fer, mais non sans laisser échapper aucune occasion de réagir contre elle. Les miracles leur coûtaient peu au besoin pour passionner l'esprit public. Ainsi, lorsque Pierre le Grand voulut favoriser Pétersbourg, sa ville nouvelle, au détriment de Moscou, la cité sainte, une vierge peinte dans une église neuve se mit à pleurer. On crie au prodige. Le peuple accourt en foule, répétant que la vierge sainte s'ennuie horriblement loin de Moscou. Pierre se trouvait au canal de Ladoga. Prévenu par courrier, il marche toute la nuit ; il arrive, conduit par les popes jusqu'aux pieds de l'image miraculeuse. Après l'avoir considérée, il donne ordre de l'apporter dans son palais et procède à un examen dont Stœhlin a conservé tous les détails, d'après un témoin irrécusable, Cormidon, intendant de la cour :

« Il trouva d'abord de très-petits trous dans les coins des yeux que l'ombre formée par l'enfoncement qui les termine, rendait presque imperceptibles. L'empereur retourna l'image, ôta la bordure supérieure du cadre, enleva de sa propre main la seconde toile qui le couvrait par derrière et jouit du plaisir de voir réaliser ses soupçons, en découvrant la source mensongère des larmes de cette pauvre image. C'était une petite cavité aux environs des yeux, pratiquée dans l'épaisseur de la planche; il s'y trouva encore quelques gouttes de l'huile qu'on y avait mise précédemment, et le tout était recouvert par une espèce de doublure. Voici le trésor! s'écria Pierre le Grand, voici la source des larmes miraculeuses. Alors il fit approcher tous ceux qui étaient présents pour donner plus d'authenticité à la découverte, et les assurer par leurs propres yeux de l'artifice et de la fourberie.

« Pour faire bien comprendre ce mécanisme aux assistants, ce prince leur dit qu'il était tout naturel que de l'huile figée se conservât longtemps sans couler, dans un lieu frais, jusqu'à ce que la chaleur lui rendît la fluidité; qu'il leur avait montré les trous au travers desquels elle filtrait en forme de larmes par les coins des yeux, ce qui arrivait toutes les fois que la flamme des lumières qu'on mettait devant était proche et avait échauffé l'air qui l'environnait.

« La découverte de cette supercherie criminelle, manifestée devant tant de témoins, causa beaucoup de joie à Pierre le Grand. Il reprit sa tranquillité, et dissimulant son indignation ainsi que le désir qu'il avait de découvrir les auteurs de cet artifice, il se contenta pour le moment d'adresser ces paroles à l'assemblée : « Vous avez tous vu, dit-il, la source des pré-
« tendues larmes de l'image de la vierge, publiez partout et
« faites connaître au public ce que vous avez vu de vos pro-
« pres yeux et dont vous êtes convaincus. Détruisez l'effet du
« présage insensé autant que malicieux qui a été tiré de cette
« imposture prétendue miraculeuse, et qu'elle soit exposée à

« une dérision générale. Pour moi, je garde cette image, non
« divine, mais très-ingénieusement fabriquée, pour la déposer
« dans mon cabinet des arts. »

« Cependant l'empereur, outré d'une pareille machination
et mortifié du présage qu'avaient fait tirer ces larmes artifi-
cielles, mit en secret, tout en œuvre pour en découvrir l'auteur. Il y réussit, au bout de quelque temps et à la suite de
plusieurs recherches sourdes. L'imposteur, après avoir avoué
toutes les circonstances de son crime et le motif qui l'avait
fait agir, fut si sévèrement châtié, que personne ne s'est avisé
dans la suite d'entreprendre rien de pareil.

La papauté était, naturellement aussi, en butte
aux mauvaises plaisanteries de ce souverain peu or-
thodoxe. Le titre de pape était donné au chef de
ses soixante fous ; ils portaient le cordon de l'Épe-
ron d'or, qui s'acquiert, comme on sait, à prix d'argent, et qui avait été acheté à Rome, au prix de
soixante roubles pour chacun.

Un peu avant sa mort, le czar tomba dans une
mélancolie profonde que les médecins cherchèrent
à combattre en ordonnant des divertissements et des
mascarades. On organisa donc sur un pied grandiose
l'élection du nouveau pape des fous.

Cette parodie des cérémonies romaines eut lieu
dans la maison de Sotof, le pape défunt, sur le haut
de laquelle on avait établi un carillon muni de deux
cloches de bois, deux cloches de plomb et soixante-
quatre cloches de pierre. La chambre d'élection était
meublée d'un trône à six marches sur lesquelles un
tonneau était commis à la garde de deux Bacchus
qui avaient la permission de s'enivrer et qui en
usèrent pendant huit jours. Autour du trône étaient

rangées treize chaises percées occupées par treize autres Bacchus.

Dans l'autre chambre, où devait se tenir le conclave, on avait dressé quatorze loges séparées par des nattes. Au devant de chaque loge, pendait un soulier d'écorce d'arbre qui servait de lustre. Sur une table, au milieu de la chambre, un tonneau d'eau-de-vie et un tonneau de viande salée étaient livrés à la discrétion des cardinaux improvisés pour ce sacré collége.

Le conclave fut ouvert par une cérémonie que relatent minutieusement les *anecdotes* éditées par le prince Galitzin. On ne me croirait point si je n'en reproduisais le texte :

L'empereur convoqua tout le conclave pour le 3 janvier, à deux heures après-midi. Il s'assembla dans la maison de Butturlin, et se mit en marche vers celle de Sotof dans l'ordre suivant :

1° Un maréchal en habit bourgeois, avec une grande baguette enveloppée d'un drap rouge ;

2° Douze fifres habillés en enfants de chœur du pape, habits et parements rouges, tenant chacun une cuillère entourée de petites sonnettes ;

3° Un second maréchal ;

4° Soixante enfants de chœur ;

5° Cent officiers de l'état civil et militaire, avec les lieutenants généraux, trois à trois, en habits ordinaires ;

6° Un troisième maréchal, habillé en cardinal avec un manteau rouge garni de petit gris blanc, suivi : ;

1. Du prince Repnin avec un autre seigneur, en habit ordinaire.

2. Des généraux Butturlin et Gollowin, le premier dans son uniforme, l'autre en cardinal.

3. De Pierre Ier, en surtout rouge avec un petit collet, ayant à sa droite le prince César habillé en cardinal.

4. D'un nain en habit noir, tenant un rouleau de papier à la main, mis comme le secrétaire ecclésiastique.

5. De quatre rangs de cardinaux en habits pontificaux.

6. De six bègues, comme orateurs du pape, chacun bégayant d'une manière différente. Ils étaient admirables dans leur genre.

7. De Bacchus, plein de vin et d'esprit-de-vin, assis sur un tonneau, tenant un gobelet d'argent; derrière était un petit Bacchus qui lui tournait le dos, tenant élevé, avec les deux mains, au-dessus de sa tête, un Bacchus d'argent doré. Ils étaient portés sur une bière par seize paysans tout à fait ivres, tirés, par la force, des cabarets pour assister à la cérémonie.

Devant la bière marchait un vieillard tenant des tiges de bois de sapin sèches, qu'un autre homme allumait de temps en temps avec un flambeau pour représenter l'encens.

8. Un très-grand tonneau posé sur une machine portée par douze hommes chauves, ayant chacun une vessie de cochon enflée à la main.

9. L'orateur Zérégof, en habit noir, manteau long et bonnet carré de velours noir avec des pointes d'argent, tenant une crosse en forme de pelle sur laquelle était un Bacchus peint.

10. Sept cardinaux en habits pontificaux, avec un Bacchus peint sur la poitrine; en main un livre de chansons à l'honneur de Bacchus.

L'impératrice suivait de loin, en carrosse, pour voir cette procession. On avait allumé dans toutes les rues des tonneaux de poix.

A l'arrivée de la procession dans la cour de la maison, un grand nombre de Russes frappa à toutes forces sur des tonneaux vides, ce qui fit un tintamarre terrible. Les cardinaux furent introduits et enfermés dans la chambre d'élection, avec une bonne sentinelle à la porte.

L'empereur resta jusqu'à minuit, et, en se retirant, mit son

sceau sur la porte, en sorte que personne ne pût sortir. Le
conclave resta fermé de même, et chacun des cardinaux obligé
de boire tous les quarts d'heure une grande cuillère de bois
d'eau-de-vie, sans compter d'autres boissons.

Le lendemain matin, à six heures, Pierre Ier revint faire
ouvrir les portes aux prisonniers. Les cardinaux passèrent ensuite dans la grande salle destinée pour l'élection, publièrent
les trois candidats, en détaillant les qualités qui les rendaient
recommandables. Ils ne purent se réunir sur un seul sujet,
on passa aux voix : mais chaque fois elles furent égales pour
les trois candidats. Alors on convint de les ballotter, et le
choix tomba sur le commissaire des vivres, nommé Strohost,
qui fut tout de suite porté sur le trône. Plusieurs cardinaux
pleurèrent amèrement d'avoir manqué cette dignité, puisque
le nouveau pape jouissait de deux mille roubles d'appointements, outre une maison à Moscou et à Saint-Pétersbourg et
autant de bière et d'eau-de-vie de la cave de l'empereur qu'il
lui en fallait pour sa consommation et celle de sa famille.
Chacun fut obligé de lui baiser la main et la mule, sous
peine d'une amende pécuniaire.

De son côté, il distribua de l'eau-de-vie à tout le monde;
Bacchus la tirait du tonneau qui était sous le trône. Après
quoi on descendit le pape du trône, on le mit dans le grand
tonneau dont nous avons fait mention rempli de bière, dont
il versa à boire, à droite et à gauche, à tous les assistants.

On servit ensuite une grande table au conclave ; l'abbesse
et ses trois assistantes portèrent les plats. Il y en avait de
viande de loups, de renards, d'ours, de chats, de souris, etc.

La simplicité de Pierre le Grand était extrême. —
Toute sa maison se composait de douze jeunes
gentilshommes qui servaient de valets de chambre
et de douze grenadiers de sa garde.

Il ne mit guère plus de quatre fois en sa vie un
habit de gala; — il gardait volontiers son uniforme,
en y joignant à l'occasion les accessoires les plus

bizarres. C'est ainsi qu'en plein Sénat, au moment de donner audience à un ambassadeur polonais, il sentit que le froid était un peu vif pour sa tête. Regardant à côté de lui, il cueillit, en guise de calotte, l'énorme perruque de son chancelier Golowine qui resta chauve pendant toute la séance, dont l'effet devait être assez bouffon.

Pierre avait lui-même peu de cheveux. Pendant sa campagne de Perse, il se les était fait couper ras, et en avait fait faire une petite perruque qu'il gardait dans sa poche et qu'il mettait à l'occasion. Si elle ne suffisait pas, il usait du procédé relaté plus haut en prenant la perruque de Menschikoff ou de tout autre seigneur à sa portée.

A l'occasion, il ne dédaignait point les perruques de bourgmestre. A Dantzick, un dimanche, il était entré à l'église pendant le service divin. Pour lui faire honneur, le bourgmestre le place à ses côtés, au banc des magistrats municipaux, mais à peine le czar est-il assis qu'il sent le froid tomber des voûtes sur son crâne et qu'il se coiffe sans façon de l'ample perruque de son voisin. Cette liberté parut étrange aux Dantzickois. Il faut ajouter qu'après le sermon, Pierre replaça la perruque où il l'avait prise, en remerciant par une petite inclination de tête.

Les récits de son voyage en France me donnent encore une dernière preuve de son sans-façon, à propos de perruques. Arrivé à Paris, dans les appartements qui lui avaient été préparés, il ne voulut point toucher aux habits qui l'attendaient, et se contenta de coiffer une perruque à la française après en avoir rogné la moitié à grands coups de ciseaux. Je aisse à penser si le Paris de la mode cria *au Tartare*.

J'ai dit qu'il avait pour pages une douzaine de jeunes gentilshommes. Sans leur donner de fonctions précises, il les pliait à tous les métiers : adjudants, chambellans, fourriers, courriers, ou valets de chambre. En voyage, le page de service faisait même les fonctions d'oreiller, et voici comment. Presque toujours le czar ne reposait que sur la paille et donnait à son page l'ordre de se coucher comme un traversin. « Dans cette posture, il fallait que le malheureux prît patience et ne fît pas le moindre mouvement. Car, dit Stœhlin, autant il était gai après avoir reposé, autant il était sombre et de mauvaise humeur quand on troublait son sommeil. »

Vue sous certains côtés, cette simplicité excessive touchait à la parcimonie.

Il faisait raccommoder ses bas et ressemeler ses souliers.

Sa voiture était une carriole à deux roues. Pendant l'hiver, il prenait de simples traîneaux de place et se trouvait souvent obligé d'emprunter au premier passant pour payer le cocher.

Il était parrain de presque tous les enfants des officiers de ses gardes. A l'occasion, il ne refusait même pas les simples soldats; mais pour ceux-ci il ne donnait pas plus d'un rouble de cadeau en em-

-brassant l'accouchée. Les femmes d'officiers obtenaient un ducat.

Pour faire gagner son maître d'hôtel, il avait imaginé d'organiser chez lui des dîners et des soupers à prix fixe, — ses généraux et ses officiers y payaient comme lui leur quote-part d'un ducat.

Pilote amateur, il conduisit plus d'une fois des vaisseaux anglais de Saint-Pétersbourg à Cronstadt, recevant chaque fois le salaire ordinaire en fromage et en argent.

Une autre fois, il fabriqua près de huit cents livres de fer dans la première usine métallurgique qui avait été établie de son temps en Russie par un Allemand, Werner Muller. Les seigneurs de sa suite avaient la charge d'apporter le charbon et de faire aller le soufflet. Puis, il réclama son salaire en disant :

« Voilà de quoi acheter des souliers. C'est autant d'épargné. »

Les souliers furent achetés et le czar se plaisait à les montrer à sa cour en répétant :

« Voilà des souliers acquis du travail de mes mains. »

Les dangers courus par Pierre dans sa jeunesse lui donnaient une crise nerveuse particulière à certains moments et surtout en cas de grande colère ou de réveil subit. Le moyen de combattre cette infirmité était singulier. Son cuisinier courait aussi vite que possible tuer une pie ; sans la plumer ni la vider, il la rôtissait jusqu'au point où elle était assez cal-

cinée pour en faire une poudre dont une dose gué-
rissait l'illustre malade.

Stœhlin ne dit pas un mot du remède de la pie,
mais il en indique un autre que le comte Paul Ja-
gouchinsky, page du czar, avait imaginé le premier.
Dès qu'on voyait Pierre tendre le cou et contracter
le visage, on allait bien vite chercher l'impératrice
ou la première femme ou fille venue; pourvu qu'elle
fût jeune et belle. La surprise agréable causée par
cette apparition inattendue suffisait, paraît-il, pour
amener la prompte disparition de l'accès.

Le second remède me paraît infiniment plus
naturel.

L'HOMME AUX FARFADETS

La rue Guénégaud et la rue Mazarine peuvent encore se souvenir de l'*Homme aux farfadets.*

Il s'appelait Berbiguier, il se disait natif de Carpentras, et il avait le courage d'en être fier. Ses culottes courtes, son habit à la française, sa coiffure en ailes de pigeon, sa figure soigneusement rasée, annonçaient un citoyen dévoué aux bons principes. Il payait régulièrement son terme, il se montrait poli vis-à-vis de tous, il se piquait d'une grande délicatesse dans les affaires les plus litigieuses. Bref, il eût été le modèle des rentiers, sans sa malheureuse croyance aux farfadets.

Pour Berbiguier, tout était empoisonné par ces lutins invisibles. A eux, rien qu'à eux, il attribuait les calamités de ce monde, grandes ou petites. Coco, son écureuil favori, meurt dans sa cage... c'est un farfadet qui l'aura étranglé. — Un feu de cheminée lui vaut la visite des pompiers. — Farfadets ! — Pendant une nuit sans sommeil, une puce imprenable lui cause mille tourments, Farfadette ! Farfadette !

Nouveau Don Quichotte, notre halluciné fait à ces ennemis du genre humain la guerre la plus étrange.

L'hiver, il jette brusquement une poignée de gros sel dans le feu, et il écoute avec délices les pétillements, les craquements, des farfadets tapis dans la cheminée.

Sur tous les réchauds de sa cuisine, des cœurs de bœufs, lardés de milliers d'épingles, mijotent constamment dans de vastes marmites. A chacune de ces épingles cuisent plusieurs farfadets, embrochés la veille.

Ces farfadets, il est bien entendu qu'on ne les voit pas, mais cela n'empêche pas Berbiguier de les montrer.

Si Berbiguier se réveille pendant la nuit, il plonge aussitôt le pouce et l'index dans un pot de tabac à priser, et il en lance à toute volée des pincées nombreuses. Surpris par cette habile manœuvre, les farfadets éternuent, se frottent les yeux comme de simples gendarmes. Aussitôt, le diligent Berbiguier de les percer avec ses longues épingles noires, et de clouer subtilement leur invisibilité sur la couverture.

Mais ce n'est pas la fin du supplice. — Dès l'aube, les prisonniers empalés sont réunis et jetés dans des bouteilles remplies de vinaigre, — liquide qu'ils ont en horreur.

Les bouteilles, dites *bouteilles-prisons*, sont cachetées avec soin ; puis, rangées en évidence sur la commode, afin que les infortunés détenus puissent,

la nuit suivante, assister à la capture de leurs con-
frères. Dès que le nombre des bouteilles est trop
grand, elles sont transportées à la cave, bien enve-
loppées dans les pages du grand ouvrage révélateur
de M. Berbiguier sur les farfadets, — afin, ajoute
sardoniquement ce dernier, *qu'ils puissent lire la gazette,* — dernier raffinement de cruauté !

A la ville, les épingles vengeresses reposaient dans
les poches de son habit ; mais elles n'y restaient pas
longtemps.

C'était quelque chose de singulier, rapporte un témoin ocu-
laire, cité par l'auteur anonyme des *Fous célèbres,* que de voir
Berbiguier s'interrompre, au milieu d'une conversation grave,
pour tirer une épingle de son étui, l'approcher doucement de
son habillement, et l'y enfoncer en éclatant de rire.

« Oh ! oh ! disait-il, tu as beau te débattre et me montrer
les griffes, tu iras en bouteille avec les autres... Canaille mau-
dite ! je vous apprendrai à vivre ! »

Puis, s'il s'était interrompu au milieu d'une discussion po-
litique, il la reprenait au point où il l'avait laissée, disait son
sentiment sur les affaires du temps, appréciait les faits, en
déduisait les conséquences avec beaucoup de sagacité ; — et
cela durait jusqu'à ce qu'il lui prît de nouveau fantaisie d'em-
brocher un farfadet.

Quelqu'un ayant voulu un jour entrer dans sa folie, lui
dit : « Je vois que vous faites bonne chasse ce soir. »

— Oh ! ce n'est rien ! je vais faire semblant de dormir
dans l'embrasure d'une fenêtre, et vous en verrez de belles. »

Il s'étendit en effet dans un fauteuil, ferma les yeux, et au
bout de quelques secondes il lardait ses vêtements d'épingles
avec une telle rapidité que l'étui fut vidé en quelques minutes. Cette exécution fut suivie d'une invitation gracieuse
pour le lendemain. — « Venez chez moi, dit Berbiguier, je les
débrocherai devant vous. »

A l'heure convenue, l'invité trouve notre maniaque debout, vêtu d'une simple chemise, malgré un froid très-vif.

« Je vous attendais, dit-il, pour commencer... »

Et jetant un drap blanc sur le parquet, puis, plaçant au milieu du drap un porte-manteau chargé de ses habits, il ôte toutes les épingles en tapant à coups redoublés d'une baguette de fer et en criant :

« Ah ! scélérats, vous ne l'avez pas volé... Tenez, voyez-vous ce petit noir ?... Pan ! pan ! C'est le plus effronté de la bande... Et cet autre, avec sa tête de crapaud et sa queue de singe !... Oh ! tu as beau faire la grimace, je ne te crains pas... Pan ! pan ! attrape encore celui-là... »

Résolu à poursuivre les farfadets sur tous les terrains, et remarquant avec une rare lucidité qu'ils cherchaient à troubler son cerveau, Berbiguier leur porta le dernier coup par la publication d'un grand ouvrage. Le récit de ses souffrances et l'exposé de la doctrine *anti-farfadéenne* lui fournirent la matière de trois volumes in-octavo.

Ses achats d'épingles, de marmites, de cœur de bœuf et autres engins de destruction entraînaient déjà certains frais, sans compter le salaire quotidien de plusieurs commissionnaires du quartier payés à l'heure pour l'aider dans sa guerre d'extermination. Mais ce fut bien autre chose quand il fallut faire *gémir la presse*. Que ne paya point alors le naïf Berbiguier !

Un homme de lettres ne rougit pas de lui prendre *dix mille* francs pour revoir le manuscrit. L'imprimeur demanda dix autres mille francs pour une besogne qui en valait au plus le tiers. Enfin un *artiste* lui fit payer mille écus quelques lithographies affreusement grotesques représentant Berbiguier dans les diverses phases de son existence tourmentée.

Beaucoup d'exemplaires furent adressés aux souverains, aux ministres et aux bibliothèques ; leurs reliures en veau plain relevée par des filets, et par des tranches dorées, durent encore ajouter à la somme des frais qui écrasèrent l'auteur.

Dans ces trois volumes, on retrouve avec d'incroyables naïvetés de détails, le récit des événements qui causèrent les singularités de Berbiguier.

Très-crédule sur le chapitre de la cartomancie, il commença par être dupe d'une association formée entre sa femme de ménage et une tireuse de cartes d'Avignon nommée *la Mansotte*. En cherchant dans le grand jeu un prétexte pour lui extorquer quelques pièces blanches et deux ou trois bouteilles de liqueur, ces deux sorcières réussirent à en faire un maniaque accompli.

Surexcité par des cauchemars successifs, le malheureux Berbiguier chercha tour à tour un remède dans la religion, dans la médecine et dans la nécromancie. Pour comble de disgrâce, le bruit de ses doléances avait attiré les mauvais plaisants qui ne lui épargnaient point les mystifications.

Les *hommes de l'art* eux-mêmes se mirent de la partie. — Pendant son séjour à l'hospice d'Avignon dont il était l'économe, Berbiguier fut berné sans pitié par un chirurgien qui lui proposa d'essayer du magnétisme. Cette cure magnétique était tout bonnement un nouveau moyen de mettre en scène le *dada* du malade. On le posta dans un grand jardin, sous un arbre qu'on fit semblant de magnétiser. Là, Berbiguier restait gravement en faction pendant le nombre d'heures prescrit, tenant d'une main une baguette magnétique, et, de l'autre, un verre rempli d'eau qu'il devait boire à petites gorgées, — ce qui, ajoute-t-il, dans ses mémoires, — le faisait vomir abondamment.

Cette eau contenait sans doute une dose d'émétique.

Après avoir vomi, le patient ne manquait pas de se déclarer soulagé d'un mal de cœur qu'il attribuait à la puissance des farfadets.

Ces stations incroyables firent du bruit dans Avignon, et les promeneurs se rendirent en foule au jardin pour en jouir. Aller voir vomir Berbiguier devint une partie de plaisir.

Quelques personnes compatissantes essayèrent de désabuser la pauvre dupe. Elles ne réussirent qu'à le faire changer de jardin. Un jour cependant, il dut renoncer à ce genre d'exercice, — mais, plutôt que s'avouer mystifié, il préféra dénoncer son chirurgien comme un farfadet déguisé et il eut du moins l'âpre jouissance de l'ajouter à la liste de ses persécuteurs.

Appelé à Paris par des affaires d'intérêt, Berbiguier y continua ce genre de vie tourmenté. Logé d'abord dans des hôtels d'étudiants, il ne tarda pas à être le point de mire de leurs plaisanteries, et la

liste des farfadets s'en allongea d'autant. Les trois
volumes de Berbiguier sont curieux sous ce rapport.
Pas une conversation, pas une mauvaise plaisanterie, qui ne s'y trouve détaillée tout au long et dont
les auteurs, nommés en toutes lettres, ne soient
voués à l'exécration publique ! Un sourire, un cli-
gnement d'yeux, un geste quelconque suffisaient
pour vous faire ranger dans la classe des farfadets.
Par exemple, un chapitre entier est consacré à une
farfadette déguisée en femme du monde qui se trahit
en posant sa main sur la cuisse de l'impressionnable
Berbiguier.

Au fond, l'ennemi des farfadets n'était pas, je crois,
mécontent de la notoriété qu'il s'était conquise.
Il se drape volontiers dans son apostolat.

« Je voudrais bien, écrit-il, que les farfadets ne
fussent que des plaisants qui aient voulu s'amuser
de ma crédulité ; mais, hélas ! la nature ne m'a pas
été marâtre, elle m'a gratifié de beaucoup de facultés
et particulièrement de celle de bien réfléchir. »

Dans les derniers temps, il voulut joindre à son
nom quelque chose de sonore, et il se fit appeler
Berbiguier de Terre-Neuve du Thym. Trop cons-
ciencieux pour ne pas justifier ce titre, il avait, dit-il
dans ses mémoires, fait remplir plusieurs caisses
de terre neuve et il y avait planté du thym. — Cette
naïveté pourrait sembler caustique aujourd'hui. Que
de gens à particule n'ont pas même un semblable
majorat !

Berbiguier voulut ensuite trouver femme. Son

grand ouvrage contient à ce sujet un avis matrimo-
nial des plus bouffons. Je le recommande aux ama-
teurs du genre :

« Ce sera une femme qui complétera la victoire que je vais
bientôt remporter (sur les farfadets) : j'associerai ma destinée à
la sienne, je lui donnerai tout ce que je possède. Après avoir
reçu la bénédiction nuptiale, et avoir fait constater l'acte
civil qui doivent m'unir à cette vertueuse créature, je ne m'oc-
cuperai qu'à la rendre heureuse. Toujours auprès d'elle, je ne
l'entretiendrai que de mon amour. Sans cesse aux genoux de
cette créature vertueuse et charmante, je coulerai des jours
heureux... et lorsque je me verrai renaître, ma jouissance sera
à son comble. Voilà donc, lui dirai-je, ceux qui doivent per-
pétuer la race des Terre-Neuve du Thym. C'est à eux qu'il est
réservé de recevoir la bénédiction de l'espèce humaine que
j'aurai délivré de la race des farfadets... Quelle jouissance
pour ma progéniture !

« Il faut bien, puisque j'ai été si malheureux, que je goûte
un peu de bonheur. C'est une femme vertueuse qui doit me
procurer cette agréable compensation. Lorsque je l'aurai in-
troduite dans l'appartement qui doit être le témoin de notre
félicité, mes fourneaux anti-farfadéens seront remplacés par
l'autel conjugal, mes épingles par les bijoux sans faste dont je
veux la décorer ; mes cœurs de bœuf par un cœur qui ne pal-
pitera que pour elle... On ne verra plus mes murailles tapis-
sées des imprécations que je lance chaque jour contre mes
ennemis, on n'y lira que des aphorismes dictés par mon
amour conjugal. — Sexe adoré de tous les êtres vertueux, tu
me fais oublier mes souffrances. »

Tant d'éloquence devait être dépensée en pure
perte. Berbiguier mourut célibataire en 1833, disent
les biographes, et beaucoup plus tard, s'il faut croire
M. Jules de la Madelène, qui le retrouva dans le
Midi vers 1850.

M. ADOLPHE BERTRON

La première fois que je vis ce nom, j'avoue que je fus vivement intrigué. C'était en 1856. Avec l'aide plus que désintéressée de collaborateurs amis, j'avais alors fondé et je rédigeais une *Revue anecdotique*, — petit recueil qui, comme quelques autres, a été surtout recherché depuis l'époque où il a cessé de paraître. Nous étions tous très-friands de ce qu'on appelle en littérature la *curiosité*. Prospectus étonnants, annonces ingénieuses, pamphlets de deux pages, vers grotesques, on recueillait tout, comme la manne divine. Jugez de l'admiration avec laquelle fut considérée l'invitation ci-jointe :

Monsieur,

Monsieur et Madame Bertron vous prient de vouloir bien leur faire l'honneur de venir dîner chez eux, à Paris, rue d'Enghien, 48.

ON PARLERA DE L'ORDRE UNIVERSEL.

Paris, le   1856.

P. R. S. V. P.

Quel était ce dîner d'ordre universel? J'avais beau demander. Personne ne savait. Un des nôtres partit bravement pour aller voir l'amphitryon, mais il resta en route et il revint sans avoir eu le courage d'accomplir sa mission. — La chronique était alors bien moins visiteuse qu'aujourd'hui. — On se contenta donc d'imprimer un fac-simile de l'invitation... et on attendit.

Quinze jours après, les notes recueillies permettaient de donner les détails suivants :

« Nous avons recueilli plusieurs renseignements sur M. Bertron, dont les invitations à dîner nous avaient, il y a juste un mois, intrigué si fort.

« M. Bertron est un riche propriétaire fort connu dans le ressort de la sous-préfecture de Sceaux. Acquéreur du magnifique domaine qu'a possédé en dernier lieu l'amiral Titchakoff, il vient d'en morceler le parc en soixante-dix lots qu'il prétend vendre séparément à des conditions tout exceptionnelles. Ainsi, les acheteurs sont tenus de bâtir une maison dans chaque lot. M. Bertron refuserait de vendre à celui qui prendrait deux lots à la fois pour y construire à sa guise une villa plus grande que celle du voisin.

« Ces soixante-dix maisons devant recevoir la dénomination collective de Cité-Bertron, celui-ci serait désolé qu'il en manquât une seule.

« Pendant qu'il fondait une cité, M. Bertron a songé qu'il ne lui en coûterait guère plus de gratifier les peuples d'un nouveau système humanitaire. C'est de cette préoccupation philanthropique qu'est né l'Ordre universel; théorie fort complexe et dont nous n'essayerons pas aujourd'hui l'analyse, faute de données assez exactes. Une fois aux prises avec la difficulté de propager ce système, M. Bertron a cru pouvoir se faire mieux comprendre à table. D'un convive bien traité on fait sans grands efforts un prosélyte. Invoquant les mânes de Gri-

mod de la Reynière, le créateur de l'Ordre universel s'est donc
mis à l'œuvre, après avoir trouvé un bon cuisinier. Tous les
grands dignitaires de l'État doivent, dit-on, être successivement conviés à ces repas philosophiques; l'Ordre universel
y est exposé avec détails au dessert. »

On a toujours dit qu'un bonheur n'arrive jamais
seul. Cette fois, *la Revue anecdotique* éprouva les
effets de ce charmant proverbe. — Elle reçut la
visite de M. Bertron lui-même.

Ce jour solennel est encore présent à ma mémoire.
Il était quatre heures. Les rédacteurs de *la Revue
anecdotique*, E. Goepp, F. Platel, L. Enault et G. Du-
plessis, se trouvaient comme d'habitude réunis
dans la caverne sombre qui leur servait de bureau, au n⁰ 9 de la rue de Seine. Grâce aux obli-
geantes communications de notre respectable voisine, Mᵐᵉ Dairnwœl, qui cumulait avec les fonctions
de libraire la tâche — peu compliquée — de recevoir les abonnements, j'avais su, la veille, qu'un
personnage mystérieux avait pris sur mon compte
des notes fort détaillées.

« Mais, madame, comment est ce monsieur ?

— Tout ce que je puis vous dire, c'est qu'il a
une calèche à lui.

— Une calèche !!! »

Les visiteurs à calèche étaient rares au n° 9 de la
rue de Seine. Aussi, à quelles conjectures ne se
livra-t-on point ! Le lendemain on n'y pensait plus,
quand notre seuil fut franchi par un visiteur armé
de lunettes. Son âge, son abdomen, son front quelque peu dégarni, son menton soigneusement rasé,

nous donnèrent d'abord à penser que c'était un notaire qui s'était trompé de porte...

« Monsieur Larchey ? — demanda l'inconnu, es-
sayant de percer le nuage olympique qui envelop-
pait la rédaction de *la Revue*, où presque tous fumaient sous prétexte de combattre l'humidité du
rez-de-chaussée.

— C'est moi, monsieur.

— Je désire vous entretenir en particulier. »

Après avoir fait les honneurs de l'escalier tortu
qui montait au *salon*, je priai le visiteur de prendre
un fauteuil, — notre unique, — et j'attendis.

« Je suis M. Bertron... »

Je m'inclinai.

« Votre *Revue* croit me connaître... du moins
elle s'est occupée de moi... J'ai vu le numéro qui
me concerne. La nature de votre recueil ne me paraît pas en rapport avec la gravité du problème so-
cial que je veux résoudre ; ce que vous avez dit de
moi n'est pas très-exact, mais enfin je me plais à
croire que vous n'avez eu aucune intention malveil-
lante à mon égard... D'ailleurs, je tiens avant tout à
ce que la lumière se fasse. »

La conversation continua sur ce ton presque ami-
cal. M. Bertron voulut être présenté à nos amis, et
il ne nous quitta pas sans promettre de revenir nous
voir. Il revint, en effet, plusieurs fois. Comme on
s'en doute, *l'Ordre universel* était la base de toutes
nos conversations, et son inventeur en arrivait naturellement à parler des sacrifices imposés par la

propagation du système. Je me souviens qu'une fois, il conta comment un lithographe de talent l'avait représenté en pêcheur d'hommes, prêt à lancer sur le genre humain un filet symbolique, dont les plis étaient soigneusement ramenés sur l'épaule ; — c'était l'*épervier* de l'Ordre universel...

Et comme cette fantaisie faisait sourire un assistant, M. Bertron le menaça du doigt en disant :

« Ne souriez pas, monsieur ! ne souriez pas !! Vous y serez pris comme les autres... »

De tout ceci, on peut conclure que M. Bertron est un réformateur convaincu. Pour en avoir une idée, il ne faut pas s'en tenir à ses dernières proclamations ; il faut lire sa *profession de foi* de 1852 et sa *Combinaison nouvelle*, brochure imprimée la même année. De leur lecture, il m'a semblé ressortir que le bonheur universel dépend, selon M. Bertron, du commerce mis entre les mains de l'État. Produits du sol et produits manufacturés, tout serait, sans monopole toutefois, entreposé et vendu comme le tabac, la poudre et les cartes à jouer. Et les bénéfices de l'exploitation gouvernementale seraient tels que les impôts seraient énormément réduits, que tous les producteurs auraient un débouché assuré, et que, par conséquent, le bonheur universel ne serait plus un mythe.

Mais ce qui a rendu M. Bertron populaire, ce n'est pas sa brochure, qui est peu connue ; ce sont des manifestes et des proclamations qui sont, en leur genre, des monuments. J'ai cherché à en faire la collection, et, bien qu'elle ait encore de regrettables lacunes, elle renferme des pièces fort curieuses. On peut en juger par deux professions de foi reproduites ici en fac-simile. La première ne pourra déplaire « au sexe qui embellit la vie, » — comme dit M. Prudhomme qui a tous droits d'être cité ici.

ÉLECTION

Dimanche 8 et Lundi 19 mai 1858

—

CANDIDAT HUMAIN

ADOLPHE BERTRON

—

Français,

Pour constituer un État Humain, c'est-à-dire un gouvernement parfait et digne d'être appelé l'Empire du genre Humain : — que faut-il ?... Il faut que la femme ait toujours, d'une année d'avance, un budget Humain, pour elle et ses enfants, seule garantie de leur dignité et de leur inviolabilité !...

Qu'est-ce donc, allez-vous me demander, qu'un budget Humain ?... C'est tout. — C'est l'abolition de toutes les tyrannies de ce monde ; — moins la tyrannie de la femme. — Eh bien, quand nous n'aurons que la tyrannie de notre mère à subir, — serons-nous loin d'un État de Bonheur Parfait ?

Électeurs,

Ma candidature n'a d'autre but que de tenir de vous, de votre souveraineté toute-puissante, un mandat pour indiquer, comme Législateur, les Voies et Moyens, — qui sont le résultat de quarante ans d'étude dans les diverses professions que j'ai tant aimées et que j'aime encore à exercer.

ADOLPHE BERTRON,

Ancien négociant, ancien manufacturier, ancien magistrat, propriétaire, agronome et cultiva-· teur,

CANDIDAT HUMAIN.

Paris, 5 mai 1858.

Il ne sera pas distribué de Bulletins aux sections.

Cette autre circulaire s'adresse aux électeurs de Maine-et-Loire. Je la tiens pour la plus précieuse, en raison de l'autobiographie qu'on va lire :

ÉLECTEURS ET ANGEVINS.

« Conçu dans l'une des maisons de négoce de mon père, en la ville d'Angers, le 9 juin 1803, jour de la fête du Dieu des chrétiens ; né à La Flèche, dans le vieux château de cette ville, sur le Loir, le 5 mars 1804 (sic). Mes père, mère, mes aïeux paternels et maternels sont originaires du département de Maine-et-Loire, dans lequel j'ai des propriétés. L'un de mes aïeux figure sur l'un des tableaux du Muséum, présentant les clefs de la ville à Henri IV, et ayant été le député de notre ville aux États de Blois, en 1577.

« Élève de l'École militaire de La Flèche, des colléges d'Angers, du Mans, de Précigné et de plusieurs pensionnats, entre autres, de celui de M. Delaroche, professeur de rhétorique, maison du Musée, mes jours de congé, je les ai passés dans la charmante famille de notre brave camarade Camille Desvarannes, avec les excellentes amies de ma mère, Mmes Gautier, et chez nos bons parents Lemasson, que nous avons tant aimées et que nous aimons toujours, etc.

« Dès mon enfance et toujours, je n'ai pu subir, ni voir infliger une injustice — à mes camarades, sans gémir; aussi ai-je préféré conserver ma dignité intacte, à l'instruction

de professeurs trop souvent inhumains. Voici le seul motif
de mes mutations de maisons d'instruction.

« A *six ans*,. je me suis battu en duel pour conserver à une
jeune fille, d'un pauvre officier tué sous les drapeaux, sa réputation, qu'un élève artilleur allait compromettre.

« Aujourd'hui, mon expérience, acquise par un travail et
une théorie très-variés, et par mes observations dans mes
voyages, est grande. Je vous avoue que je ne sais où existe ce
que je ne connais pas ; je ne pense pas même que rien de ce
qui intéresse l'humanité me soit étranger.

« J'ai été et je suis encore producteur, cultivateur, arbori-
culteur, etc., ex-fabricant, c'est-à-dire transformateur de ma-
tières premières, ex-négociant, financier. Ayant été dix ans
magistrat, et commissaire expert du gouvernement, en 1846
j'ai refusé la croix de la Légion d'honneur ; je ne suis pas
étranger à l'administration, votant chaque année le budget de
deux communes du département de la Seine, comme l'un
des plus imposés, et je possède, en définitif, je dois le dire,
pour faire taire les inhumains, des connaissances générales.

« Je viens au nom de mon expérience, et comme Angevin,
vous demander un mandat de confiance, celui de vous représenter au Corps législatif ; vous déclarant qu'en vous faisant
cette demande, ce n'est que pour devenir et être réellement le
législateur du Genre Humain, fonctions que personne n'a encore occupées, et que je saurai remplir dignement, c'est-à-dire
comme un véritable et brave Français et Angevin.

« Aucune religion, ni aucun gouvernement n'ont fait ce
qu'il aurait fallu faire : UNIR LES NATIONS... ABOLIR LES GUERRES
ET FAIRE de notre globe un vrai paradis. AVEC L'HUMANITÉ
TOUTE ENTIÈRE QUE NE PEUT-ON PAS FAIRE ! Laisser le genre humain divisé, c'est une grave erreur, — c'est mal, — c'est donc
ce qu'il ne faut pas ; c'est pour cela que je continue à prendre
la qualification de *candidat humain*, voulant unir toutes les
nationalités, toutes les sociétés, toutes les familles, tous les
individus entre eux : aussi, n'ai-je jamais voulu consentir à
m'enchaîner ni religieusement, ni dynastiquement, ni poli-
tiquement. Voici peut-être un des motifs pour lesquels je n'ai

pas été élu. Pour moi, le mot Humain signifie ordre, c'est-à-dire perfection. Sachez-le bien tous, l'ordre est l'abolition de toutes les misères humaines. Jamais aucune candidature n'a été plus significative que la mienne.

« Mon élection sera l'avénement de la perfection en tout et partout. Angevins, c'est ce qu'il faut, — c'est ce que nous devons tous vouloir.

« ADOLPHE BERTRON, *candidat humain*. «

« Sceaux (Seine), petit parc et petit palais de l'Humanité, le 11 novembre 1859. »

A ces proclamations en ont succédé d'autres, non moins dignes de l'attention de nos concitoyens, de l'amour des collectionneurs. M. Bertron n'est pas encore député, mais il n'a pas perdu courage. Au contraire. Il a posé en principe la perpétuité de sa candidature. Dès le 7 janvier 1860, il a déclaré que, croyant être suffisamment connu, il ne distribuerait plus de circulaires, de bulletins ni d'affiches, et qu'il se contenterait de remplir les formalités voulues pour que son nom soit porté sur le tableau *à toutes les élections*, — « ce qui, ajoute-t-il, prouvera que je sais attendre. »

La constance de M. Bertron paraît pourtant s'être démentie en une épreuve suprême. La vacance (un peu forcée) du trône mexicain lui a paru une si belle occasion d'appliquer ses théories humaines sur une grande échelle, qu'il a brigué la couronne de Montezuma. Je reproduis ce dernier document d'après un journal qui ne l'a point daté.

()

« Méxicains !

« Longtemps je fus Candidat Humain au Corps législatif ;
mes concitoyens sont restés sourds à mes *exhortations*. Dieu
soit loué ! il me réservait une plus haute destinée : le soin
d'assurer le bonheur des Mexicains !

« On me dit que vous voulez absolument un roi ! prenez-
moi !

« Je ne suis pas de race royale, mais seulement propriétaire
à Sceaux, dans le département de la Seine. J'ai extrait de l'huile
de la boue parisienne ; je saurai, si vous m'honorez de votre
confiance, faire sortir l'ordre le plus parfait des bas-fonds de
l'anarchie mexicaine.

« Je licencierai une armée qui n'a pas su protéger les grandes routes *contre ses propres brigandages,* et tout l'argent que
dévoraient les soldats, je l'emploierai à les faire travailler. Ils
deviendront propriétaires, pères de famille, cesseront d'enlever les jeunes filles et d'entretenir dans le pays cette passion
du jeu si funeste à votre dignité et à votre liberté ! A l'intérieur, je vous laisserai faire à peu près tout ce que vous voudrez ; je vous habituerai à vous défendre vous-mêmes, à agir
sans protection ; enfin, je me contenterai d'une liste civile
aussi médiocre que possible, voulant donner l'exemple de la
simplicité.

« Signé : AD. BERTRON,

« Candidat Humain. »

Le Mexique resta sourd à la voix du Candidat Humain, et la France connait le reste. En lisant depuis
les papiers publics, M. Bertron a dû trouver plus
confortable que jamais son *petit palais* de Sceaux.

MONSIEUR LE PRINCE

Il était fils du vainqueur de Rocroy. On l'appelait *Monsieur le Prince*, selon la coutume qui donna quelque temps aux Condé le privilége de cette abréviation. S'il ne s'illustra point sur les champs de bataille, c'est que son père, au dire de la *Biographie Michaud*, ne lui avait rien laissé à faire pour l'illustration de sa famille. Toujours courtoise, la *Biographie* ajoute que M. le Prince fut, vers la fin de sa vie, sujet à des *vapeurs* qui le rendirent la fable de la cour, mais qu'il ne faut pas trop s'en rapporter là-dessus aux *Mémoires* de Saint-Simon, dont la malignité est connue. Ces réserves, que rien d'ailleurs ne soutient, tombent devant les faits très-précis détaillés par l'historien. Je me rallie donc à Saint-Simon, et j'ajoute, en pleine confiance, un original de plus à ma collection.

Un des plus fidèles gentilshommes de la maison de Condé, — il s'appelait Verrillon, — se voyait pressé par M. le Prince d'acquérir une propriété voisine de Chantilly. Il s'en excusa en disant : « C'est trop loin ou trop près, car je préfère la petite chambre que j'occupe au château, tant que Votre Altesse aura des bontés pour moi. Si, au contraire, elle venait à ne plus me souffrir, je ne saurais trop m'éloigner. »

Ce Verrillon connaissait bien son patron. M. le Prince offrait en effet un tel contraste de défauts et de qualités que, s'il était charmant pour ceux auxquels il désirait plaire, il était d'autant plus redoutable pour ceux qu'il n'avait pas raison de ménager. Il fallait, pour lui tenir tête, être aussi fort que le président Rose. Ce président ne voulait pas céder un parc dont M. le Prince avait envie. Pour l'en dégoûter, celui-ci ne trouva rien de mieux que d'y faire jeter, par dessus les murailles, des renards pris vivants tout exprès.

En homme avisé, le président alla se plaindre directement au roi Louis XIV, qui le préserva de toute entreprise nouvelle. Il faut dire que Rose n'était pas un président ordinaire : il avait *la main* du roi, ou, pour parler plus clairement, son écriture ressemblait tellement à l'écriture royale, que Sa Majesté se reposait sur lui de l'expédition de beaucoup de lettres autographes ; — preuve de confiance dont l'ébruitement a dû rendre soucieux plus d'un collectionneur.

Ses querelles avec les voisins ne l'empêchaient point de s'abandonner à l'amour et à la jalousie. Sur le premier chef, il est peu d'extravagances qu'il n'ait commises, se déguisant quand il le fallait, en marchand à la toilette pour arriver plus sûrement à son but. En une autre occasion, lui, dont la parcimonie était extrême, donna une grande fête à Louis XIV, tout exprès pour retenir quelques jours de plus la femme du duc de Nevers, qui allait partir pour l'Italie.

Enfin, et ceci est le comble du genre, il loua, derrière l'église Saint-Sulpice, tout un côté de rue rien que pour donner quelques rendez-vous sans être remarqué par des voisins. Après le déménagement des locataires, tous les murs mitoyens furent percés et les appartements meublés à neuf.

Qu'il devait être beau de voir M. le Prince traversant une enfilade de cinquante ou soixante chambres pour aller en bonne fortune!

Madame la Princesse n'en était pas plus tranquille pour cela. M. le prince n'était jamais tellement occupé ailleurs, qu'il ne trouvât le temps de faire enrager sa femme : toujours il la tenait en haleine. La malheureuse était habituée à se tenir toujours prête à partir, elle ne devait être retardée par aucun préparatif de toilette ; mais dès qu'elle était montée en carrosse, il y avait contre-ordre, et il fallait redescendre. Pendant quinze jours de suite il lui fit recommencer ainsi un voyage à Fontainebleau.

De même en cas de sortie, il fallait qu'elle laissât l'itinéraire le plus exact, parce que son époux l'envoyait chercher à tout propos, fût-ce dans l'église;

à la sainte table, — et cela pour n'avoir rien à lui
dire.

Notez que madame la princesse était non-seulement vertueuse, mais laide, mais un peu bossue.

M. le Prince était lui-même la victime de ses in-
certitudes. Le matin, il ne savait jamais où il cou-
cherait le soir. Dans tous ses domaines, on avait
chaque jour ordre de l'attendre. Que ce fût à Paris,
à Écouen ou à Chantilly, sans compter Versailles ou
telle autre résidence de la cour, il fallait lui tenir
partout un dîner prêt. Il est vrai que la carte était
invariable et que le menu ne souffrait pas de complication : il se composait d'un potage et d'une poule
rôtie sur une croûte de pain ; encore la moitié de
cette poule était-elle gardée pour le souper.

Malgré cette humeur voyageuse, il avait des pré-
férences marquées pour Chantilly ; il s'y promenait
constamment suivi de plusieurs secrétaires qui, la
plume en main, prenaient note des réparations et
des embellissements qui lui venaient en tête pendant la route. Personne, d'ailleurs, n'y était invité,
hors quelques pères jésuites. Pendant des semaines
entières, il se célait même aux yeux de ses servi-
teurs.

Ces habitudes solitaires influèrent sans doute sur
sa raison. On remarqua dans ses allures certains
tics étranges. Des courtisans prétendirent avoir vu
M. le Prince jeter la tête en l'air et ouvrir la

bouche, comme un chien de chasse aboyant sur une piste.

En un temps où l'on se repaissait beaucoup de mythologie, il n'est pas étonnant d'ailleurs que de pareilles idées entrassent dans un cerveau malade.

Il s'imagina pendant quelque temps être devenu lièvre, et, de crainte qu'il ne se sauvât, les curés eurent, dit-on, ordre de ne pas laisser sonner leurs cloches, pendant un voyage à Dijon où il allait présider les États provinçiaux.

Un autre jour, il crut avoir été changé en plante, et il voulait absolument qu'on l'arrosât. Voici comment le fait est relaté dans les *Mémoires de Richelieu* : « Après s'être mis dans le petit jardin de l'hôtel Condé, il chargea de cette commission M. de Plainville, un de ses pages, qui, n'en voulant rien faire, laissa les deux arrosoirs remplis d'eau et alla se cacher. M. le prince en fut dans une colère épouvantable, mais cette idée lui étant passée comme une autre, le prince oublia le tour que son page lui avait joué. »

Fort souvent, il croyait encore être chauve-souris, et il avait si grande peur d'aller cogner de la tête au plafond, qu'il avait fait matelasser, à Chantilly, un cabinet qui lui servait de retraite pendant le temps de cette prétendue transformation.

Toute la cour le taxa enfin de folie, quand on sut ce qui s'était passé à Versailles chez la maréchale de Noailles. Étant de service, celle-ci avait reçu le prince dans sa chambre à coucher. Le lit était fait,

mais il y manquait la courte-pointe. Voilà le prince
qui se met à crier : « Ah ! le bon lit ! » et il saute
dessus, exécute sept à huit culbutes, puis redescend
en s'excusant avec politesse sur une manœuvre dé-
terminée, assure-t-il, par l'air appétissant d'une
couche si bien dressée.

La maréchale prit le parti d'en rire, mais elle ne
se fit pas faute de conter l'aventure.

Ce n'était là que le prélude d'accidents plus graves.
Très-sobre, comme on l'a vu, M. le prince n'avait
pas été pour cela préservé de la goutte, et il exagé-
rait encore la rigueur de son régime. Fort de son
intelligence naturelle et d'un esprit qu'il avait toujours fort cultivé, il ne consultait ses médecins que
pour discuter avec eux. Il s'était même composé un
régime particulier dont le trait suivant fera juger.
— Il n'entrait rien dans son corps et il n'en sortait
rien qu'il ne le vît peser lui-même, et qu'il n'en
écrivît le compte, — à l'imitation du docteur Dodard
qui, vers le même temps, passait une partie de sa
vie dans une balance, pesant aliments, boissons et
déjections, pour évaluer la quantité de fluide perdue
par la transpiration.

Mais M. le Prince n'était pas soutenu par le feu
scientifique de Dodard. Il en vint à s'imaginer qu'il
était mort, et, comme tel, à refuser toute nourriture. Craignant de le voir mourir de faim, les médecins finirent par abonder dans son sens. Ils le pro-
clamèrent mort et bien mort. — Seulement ils affir-

mèrent que certains morts mangeaient, et ils lui amenèrent quelques compères de bon appétit, prêts à jurer qu'ils accouraient du cimetière voisin pour s'asseoir à la table de Son Altesse défunte.

M. le Prince consentit à manger avec ses nouveaux collègues, qui étaient d'ailleurs gens de distinction, l'un se faisant passer pour son grand'père et l'autre pour le défunt maréchal de Luxembourg. Ces masques cachaient deux de ses valets de chambre, Girard et Richard. Le premier jour, ils l'invitèrent en cérémonie à dîner dans un souterrain de l'hôtel, chez l'ombre du maréchal de Turenne qui était représentée par un troisième domestique.

Ce repas étrange fut servi par des valets vêtus de linceuls comme les convives sous l'œil des médecins qui, malgré la gravité de la situation, avaient bien de la peine à ne pas éclater de rire, — car, disait l'un d'eux, le docteur Finot, — il s'y tenait des propos de l'*autre monde*, ce qu'on peut croire sans peine.

Tant que cette idée continua, rapporte Richelieu, le prince mangea dans le souterrain où on lui faisait donner des repas par tous les grands seigneurs décédés de sa connaissance.

Après les médecins, les confesseurs eurent encore leur part des bizarreries de M. le prince. Je viens de dire qu'il voyait volontiers les Pères de la Compagnie de Jésus. C'était un des leurs, le Père Lucas, qui dirigeait la conscience de Son Altesse. Tous les ans, un peu avant Pâques, une bonne chaise de poste l'allait quérir à Caen, où il était recteur, et l'amenait à son noble pénitent. En apprenant que le chef de la maison de Condé est au plus mal, on ne doit donc pas s'étonner que le Père Lucas n'ait pas attendu la chaise. Il monte dans le coche, il accourt, fort de son pieux ministère, mais c'est pour se voir refuser la porte, sans qu'il soit même question de le rembourser des frais du voyage.

Que s'était-il donc passé ? — M. le Prince n'avait garde de mourir dans l'impénitence. Seulement il avait changé de directeur. L'évolution s'était faite avec un mystère des plus diplomatiques. Un secrétaire de confiance avait d'abord été rendre visite au Père de Latour, général de l'Oratoire; il lui avait exposé comment M. le Prince désirait l'entretenir très secrètement. On voulait même que le Père ne vînt que la nuit, seul et sous habit séculier. Ces deux dernières conditions furent rejetées comme étant contraires à la règle et à la dignité de l'ordre. Le luxe des autres précautions rendait d'ailleurs celles-là bien inutiles. Un carrosse de remise venait à certains jours attendre le Père de Latour qui y montait accompagné d'un secrétaire et d'un oratorien. Tous trois descendaient à la porte d'une maison voisine de l'hôtel de Condé. Puis, à la lueur d'une lanterne, ils s'engageaient dans une longue suite de corridors coupés par plusieurs portes secrètes. — Au retour on observait le même cérémonial.

S'il faut en croire les *Souvenirs de Richelieu*, le prince se serait rendu lui-même à l'Oratoire, en prenant mille précautions, et c'est en revenant de cette excursion qu'il se mit au lit pour la dernière fois.

La fin de ce pénitent volage ne fut pas moins singulière que sa vie. Les médecins lui ayant fait pressentir que les sacrements seraient bientôt nécessaires, il voulut les recevoir sur-le-champ. Il se fit ensuite apporter à son chevet deux grands bâtons et manda la princesse sa femme et Mlle de Langeron, la dame de compagnie. Dès qu'elles furent arrivées, il leur déclara que, pendant sa vie, il les avait trop maltraitées pour ne pas être puni. Montrant les deux bâtons, il les exhorta à l'en frapper jusqu'à ce que mort s'ensuivît. Mais ces dames lui firent grâce et laissèrent la mort arriver toute seule quelques heures après. — Une bonne bastonnade eût peut-être sauvé M. le Prince.

LE GÉNÉRAL MAREY-MONGE

Le sabre fut une des plus grandes préoccupations de sa vie.

Dès l'École polytechnique, il rêvait armes blanches et se livrait avec passion à l'escrime, qu'il pratiqua jusqu'à la fin de sa vie, à soixante-sept ans. A sa sortie de l'école de Metz, l'amour du sabre déterminait son entrée dans un régiment d'artillerie à cheval. Là, donnant suite à une idée favorite, il faisait exécuter à la manufacture de Klingenthal des modèles de son invention et les essayait de sa main sur des mannequins ou sur des chevaux livrés à l'équarrissage, — pauvres bêtes dont il tranchait parfois la tête d'un seul coup.

En 1830, après la conquête d'Alger, un caprice très-prononcé pour le yatagan lui fait délaisser le sabre de l'artilleur pour organiser nos deux premiers escadrons de cavalerie indigène ; il apprend leur langue et adopte leur manière de vivre dans les moindres détails.

On lui confie, quatre ans après, la formation des
spahis ; il charge à leur tête avec un sang-froid hé-
roïque, prend de sa main deux drapeaux, et donne
à ses troupes, dans une rencontre, le spectacle le
plus émouvant. Aux prises avec un chef arabe, il
prolonge le combat tout exprès pour le frapper d'un
coup porté selon les règles de l'art.

Chargé plus tard, en France, d'un important
commandement, — celui de la division de Metz, —
le général Marey ne rompit pas avec le goût domi-
nant de sa vie. Sa collection d'armes devint superbe,
et sans cesse il s'occupa de la perfectionner. En
Crimée, plusieurs officiers, — entre autres le fameux
colonel Dupin, — portaient un sabre qu'ils appelaient
Marey, et qu'ils regardaient comme l'idéal de l'arme
de guerre.

Mais ce n'était pas encore l'idéal de l'inventeur.
Vers la fin de sa carrière, il prétendait être arrivé
au dernier mot de la science par l'exécution d'un
sabre de cavalerie dont la pointe ressemblait à un Z.
Cette arme résolvait parfaitement le problème de
frapper l'ennemi d'estoc et de taille, en avant et en
arrière, à droite et à gauche.

Ce qui ne l'empêchait pas, à la moindre occasion,
de poursuivre d'autres solutions non moins pitto-
resques.

Telle est, par exemple, l'histoire du sabre-Joas.

Un jour, Marey-Monge lit, dans un texte biblique
que Joas, donnant le baiser de paix à un chef dont

il voulait se défaire, lui avait traîtreusement ouvert
le ventre d'un coup de sabre, sans que le malheureux ait pu apercevoir le mouvement du bras. Il n'en
fallait pas plus pour amener la recherche d'une
arme capable de satisfaire à ces conditions. Voici, à
peu près, la formule d'après laquelle il fit exécuter
son *desiderata* :

« Lame droite, fourreau en bois complétement
ouvert du côté du tranchant de la lame et terminé
par une pointe en métal, destinée à loger la pointe
en renforçant le fourreau. La poignée en métal a
sous son quillon une partie annulaire dans laquelle
s'engage le haut du fourreau. »

Voici maintenant quelle était la manière de s'en
servir : — « Ayant le sabre à la ceinture, à l'orientale, prendre de la main gauche la barbe de son vis-
à-vis pour lui donner l'accolade, selon le mode de
Joas; tirer doucement de la main droite la lame dont
le bout se dégage en même temps, allonger vivement le bras et.... ouvrir l'abdomen.... »

Par un contraste frappant, ce grand sabreur cachait sous son extérieur glacial un cœur d'or. Il
adorait les enfants. Aussi, grâce à lui, tous les enfants de troupe des cinq ou six régiments en garnison dans sa résidence jouissaient chaque année,
pendant quinze jours, de la félicité la plus pure.
C'était pendant la première quinzaine de mai, —
époque où une foire annuelle faisait affluer les ba-
ladins à Metz. Aux approches de ce temps-là, il
faisait venir un capitaine, lui remettait une somme

dont l'emploi était réglé jour par jour, et le chargeait de présider aux divertissements de la troupe
enfantine. La bière et les échaudés n'étaient pas
oubliés, et, de temps en temps, le général allait,
par lui-même, voir si on s'amusait bien.

SANTEUIL

On peut, sans exagération, avancer que Santeuil fut l'enfant gâté du siècle de Louis XIV.

Prélats sévères, duchesses hautaines, courtisans à cheval sur l'étiquette, tous ont choyé un moine turbulent et colère, parce qu'il avait le double talent d'être gai convive et bon poëte latin. On lui passait ses brutalités en faveur de ses beaux vers, et ses folies étaient toujours sauvées par sa grande naïveté. Sous l'habit religieux, Santeuil continue l'éternelle tradition de cette bohème lettrée qui ne commence pas plus à Villon qu'elle ne finit à Murger, de cette bohème qui revivra toujours dans l'âme insouciante des artistes et des poëtes.

A un autre point de vue, Santeuil est un exemple remarquable des immunités accordées au talent par ses contemporains.

S'il vivait en 1867, notre siècle progressiste n'aurait certes pas pour lui les bontés de la cour du grand roi. — Aujourd'hui, l'archevêque le plus tolérant ferait changer Santeuil de diocèse, — et, alors, Bossuet, l'inflexible Bossuet, lui écrivait : « Faut-il, illustre Santeuil, vous inviter chez moi ? Qui peut y être mieux reçu que vous ? » — Aujourd'hui les vers latins de Santeuil ne pourraient faire le plus petit bruit hors de l'Université, — et alors une princesse de Bourbon s'occupait de les traduire, en soumettant humblement son texte à l'auteur. — Aujourd'hui, enfin, Santeuil n'aurait accès dans aucun salon, — et alors la duchesse du Maine, comme le prince de Condé et comme tant d'autres, se faisait une joie de l'avoir pour hôte, et de goûter avec lui à ces bonnes rôties au vin qu'il aimait tant.

Ces réflexions m'autorisent à prier les lecteurs de ne pas juger trop sévèrement les escapades de Santeuil. De son temps elles échappaient aux rigueurs implacables de ce qu'on nomme aujourd'hui la loi des convenances. La discipline ecclésiastique elle-même ne se sentait point la force de sévir contre cet *enfant en cheveux gris*, comme disait La Bruyère ; sa conduite était pure, d'ailleurs, et sa piété sincère.

Les actes et les bons mots de Santeuil ont été minutieusement rapportés par un chanoine de Saint-Benoît, Dinouart, qui tenait lui-même tous ses renseignements des religieux et du bibliothécaire de la maison de Saint-Victor. J'avais besoin de l'authenticité de cette source pour répéter des anecdotes qui pourraient à première vue sembler peu croyables. J'ai donc suivi pas à pas le père Dinouart, en m'étayant de quelques faits cités dans les *Souvenirs*

du président Bouhier, qui avait connu personnellement Santeuil.

Santeuil n'était pas un travailleur de nuit. C'était
à l'aube que sonnait l'heure de ses inspirations. Dès
le petit jour, il descendait au jardin du couvent,
traversant les allées, gesticulant, criant comme s'il
eût tenu tête à trois ou quatre personnes. Aussi
disait-on qu'il n'était pas seul, mais toujours en
compagnie d'Apollon et des Muses.

A huit heures, il montait dans sa chambre, une
chambre *à feu*, fait complaisamment observer Dinouart, où il y avait deux lits, l'un pour lui, l'autre
pour son vieux domestique. Tout en faisant sa
trempette dans un verre de vin, — il adorait les
trempettes, — Santeuil écrivait ce qu'il avait ru-
miné dans sa promenade matinale ; à dix heures il
allait à l'église entendre les offices, puis sortait
presque toujours pour dîner en ville.

On voit que, même au dernier siècle, un intérieur
de chanoine parisien ne réalisait pas tout le confortable de la vie. Non-seulement les domestiques cou-
chaient dans la chambre des maîtres, mais ceux-ci
y faisaient même leur petite cuisine. Un chanoine de
Saint-Honoré, ayant un jour retenu Santeuil à déjeuner, fit griller dans sa chambre des côtelettes qui
causèrent une si grande fumée qu'ils furent obligés
d'ouvrir toutes les fenêtres, mais elle ne se dissipa
pas pour cela. Santeuil, après s'être longtemps dé-
pité contre elle et lui avoir dit des injures, entra
dans une telle colère qu'il jeta gril et côtelettes par

la fenêtre, en criant : « Au diable la viande, quand la fumée n'en vaut rien ! »

Il s'en alla ensuite sans rien vouloir manger.

La moindre contrariété l'entraînait à de pareilles algarades.

Comme il passait à Poissy, une grosse pluie le force à chercher asile dans l'église de l'abbaye. Une religieuse allait y prononcer ses vœux. Santeuil arrive tout crotté jusqu'au chœur ; il s'installe dans le fauteuil préparé pour la mère de la professe. Un sacristain l'invite à se placer ailleurs. Santeuil ne répond pas. Le sacristain veut le prendre par le ras ; le poing de Santeuil se ferme et retombe sur le malheureux qui va rouler à dix pas. Grand scandale ! mais personne n'ose plus expulser le vigoureux inconnu du fauteuil où il s'était replongé, rêvant à quelque œuvre nouvelle. L'abbesse alarmée dépêche, comme arbitre, le docteur Ferragus ; celui-ci reste stupéfait à l'aspect de Santeuil qu'il attendait justement ce jour-là :

« Quoi, c'est vous ! et dans quel état ! Pourquoi n'êtes-vous pas venu d'abord chez moi ?

— Je ne serais pas ainsi si j'étais venu en carrosse, » répond Santeuil.

On ne put rien en tirer de plus, et il fallut lui laisser jusqu'à la fin la libre propriété de son fauteuil.

Une autre fois, il lui prend envie d'aller féliciter on ami Bignon, promu à l'intendance d'Amiens.

En voyant un ecclésiastique mal vêtu, rabat chiffonné, bâton à la main, le suisse barre le passage. Santeuil le fait reculer à coups de poing, et il escalade l'escalier. A l'antichambre, un huissier l'arrête de nouveau.

Comme il s'obstine à ne pas dire son nom, on annonce à M. l'intendant un prêtre de mauvaise mine.

« Qu'il attende! » dit Bignon.

Mais l'attente n'est pas faite pour Santeuil; il fait un tel tapage que quatre laquais s'avancent pour l'expulser. — Un contre quatre!... Soit. — Il culbute le premier; il cogne le second, mais les deux autres saisissent ce prêtre enragé par derrière et le traînent sur l'escalier. M\ⁱˡᵉ Bignon accourt au tumulte :

« Quoi! c'est vous, mon pauvre Santeuil! Vous faire traiter de la sorte. Mais aussi pourquoi ne pas vous nommer? »

Enfin, tout s'arrange, le combat cesse et le batailleur n'en dîne qu'avec plus d'appétit.

Quand ce n'était pas l'église ou l'antichambre, la place publique était l'arène de ces beaux pugilats.

Un marchand d'estampes avait étalé, dans la rue Saint-Honoré, une suite de portraits parmi lesquels on remarquait ceux d'Arlequin et de Santeuil. Celui-ci se trouve devant l'étalage en même temps que l'abbé Boileau, l'auteur des *Flagellants*, qui lui dit en riant : « Pourquoi ce marchand vous a-t-il placé à la gauche de l'Arlequin? Vous méritiez bien la droite.. »

Santeuil prend mal la plaisanterie, et répond : « Quant à vous, l'abbé, vous n'êtes digne ni de la gauche ni de la droite. » — Et, avec une grande bourrade, il l'envoie tomber sur l'éventaire d'une marchande d'oranges. Les oranges roulent à terre, et la marchande saisit au collet l'abbé que Santeuil abandonne en criant : « Voilà la place que tu mérites. »

Si Santeuil ne pouvait faire le coup de poing, sa muse était chargée de punir.

Pendant une de ses excursions aux environs de Paris, un orage le surprend. Trempé jusqu'aux os, il se jette à la portière d'une voiture passant sur la route, et il demande, sans se nommer, une place. La vue de son costume souillé, et du bâton qu'il avait coupé en route pour aider sa marche, inspirèrent une médiocre confiance au maître de l'équipage qui était l'abbé Longuet, parent du chancelier Le Tellier. Refusé et humilié, Santeuil grimpe sur le siége de derrière, à côté des laquais. La pluie et le vent redoublent, mais il fait appel à la flamme poétique pour braver la tempête ; sa cervelle bout et la poésie latine moderne est riche d'une satire de plus à l'heure où il peut enfin rentrer à Saint-Victor. — Inutile de dire contre qui la satire était dirigée.

Quand notre poëte se sentait en verve, tous les

lieux lui étaient bons. Nous venons de le voir composant sur un siége de voiture. Un autre jour, comme il était à l'église, il se glisse dans un confessionnal. Il ne s'y trouvait personne, hors une bonne femme qui, s'agenouillant aussitôt, commence la revue de ses péchés. Santeuil n'y prenait point garde et poussait de son côté des exclamations qui étaient prises pour exhortations pieuses. A la fin, la pénitente insiste pour avoir l'absolution.

« Eh ! que voulez-vous ? dit Santeuil ; est-ce que je suis prêtre ?

— Mais vous m'avez laissé parler !

— Pourquoi me parliez-vous ?

— C'est indigne. Je m'en plaindrai à votre prieur.

— Va ! va ! répond-il... moi, je dirai tout à ton mari ! »

L'affaire en resta là, mais le quiproquo fit la joie de Santeuil qui le racontait partout sans penser à mal. Louis XIV, en ayant eu connaissance, prit l'affaire au sérieux, et demanda à M. de Harlay, archevêque de Paris, quel homme était Santeuil.

« Un homme d'esprit qui a fait honneur à l'Église par de très-belles hymnes.

— M'en répondez-vous ?

— Oui, certes !

— Eh bien, passé pour cette fois !... mais dites-lui de ne plus se moquer de la confession. »

Le prélat fit venir Santeuil et lui infligea une réprimande qui coupa court aux récits de son histoire.

Le soir même, quand Morphée ne l'absorbait pas, Santeuil songeait à ses vers. Une nuit, il se lève tout à coup, et parcourt les corridors du couvent, en s'écriant : « Je l'ai trouvé, je l'ai trouvé. »

Les religieux s'éveillent pour demander ce qu'il a trouvé.

« J'ai trouvé le plus beau vers que Dieu a fait. »

La vérité est qu'un souffle divin semble avoir inspiré les hymnes de Santeuil. Malgré la toute-puissance de l'usage, elles furent chantées de préférence aux anciennes.

« On ne sauroit imaginer, — rapporte Dinouart, — la joie qu'il eut en voyant ses hymnes adoptées par le diocèse de Paris. Il couroit les églises où on les chantoit, et tout hors de lui-même, quand le chant étoit bien exécuté, il lui arrivoit quelquefois de sauter en cadence à leur harmonie. »

Par exemple, quand l'exécution était troublée, il ne faisait pas bon l'approcher. Un jour qu'il était allé entendre chanter ses hymnes par les religieuses de Port-Royal, l'assistance accompagnait tant bien que mal, et un paysan poussait à côté de lui des hurlements terribles.

« Tais-toi, tais-toi, bœuf!..... fait Santeuil en fureur, laisse chanter ces anges ! »

Aussi plaisantait-il sur le précepte fameux : *Hors de l'Église point de salut;* — disant que, pour lui, c'était le contraire, parce que, s'il était à l'église, il lui fallait déguerpir au plus vite, afin de ne pas entendre chanter ses hymnes avec trop de vanité.

Quand il chantait lui-même, c'était pis encore :
il délirait dès les premiers vers, et la fureur poétique le défigurait tellement que Boileau en prit texte
pour faire l'épigramme finissant par ces deux vers :

> Dirait-on pas que c'est le diable
> Que Dieu force à louer ses saints !

Tout en louant les saints, Santeuil ne s'oubliait pas.

« Ah ! mon ami ! j'ai fait de beaux vers depuis que
je ne t'ai vu », — dit-il en abordant un magistrat
de ses amis sur la place Maubert.

Et le voilà déclamant selon son habitude, avec un
fracas qui attire bientôt l'attention des poissardes
et des fruitières du lieu. Elles se pressent autour
de nos personnages pour écouter les vers du moine
avec autant d'admiration que si elles les compre-
naient. L'entourage n'était sans doute pas du goût
d'une personne qui accompagnait le magistrat; elle
s'avise de critiquer le morceau en déclarant que les
pensées en étaient si condensées qu'on n'y démêlait
rien. Le poëte furieux l'accable d'invectives ; le critique le traite à son tour de fou et d'extravagant.
La dispute s'échauffe si bien qu'ils en viennent à se
prendre à la gorge. — Peut-être Santeuil aurait-il
roulé dans le ruisseau, sans les poissardes qui char-
gèrent son adversaire avec fureur, et qui lui firent
abandonner précipitamment le champ de bataille.

Aujourd'hui, ce bon temps n'est plus. A la halle
comme ailleurs, notre meilleur poëte latin serait
sûr de ne pas faire ses frais. Mais c'était alors le

triomphe du genre. On faisait la cour à Santeuil,
on le comblait d'honneurs, d'argent et même de vin,
car les États de Bourgogne lui envoyèrent plusieurs
pièces des meilleurs crus de la province en recon-
naissance d'une pièce de vers latins à eux adressée.
Les plus beaux hexamètres vaudraient-ils aujour-
d'hui à Dijon une bouteille de Pomard ?

Les comédiens eux-mêmes lui payèrent tribut. —
On connaît l'aventure de Dominique, l'arlequin de
la Comédie-Italienne, qui avait été à Saint-Victor
pour demander quelques vers latins destinés au bas
de son portrait. Santeuil avait demandé coup sur
coup : « Qui êtes-vous ? De quelle part venez-vous ?
Pourquoi venez-vous ? Où m'avez-vous vu ? » Puis,
il lui avait fermé sa porte au nez sans même attendre de réponse. — Dominique résolut alors d'attaquer par la brusquerie un personnage aussi brusque.
Il se fit porter en chaise avec son habit de théâtre
recouvert d'un manteau rouge et il s'en fut heurter
de nouveau à la porte de Santeuil, quoiqu'elle fût
entr'ouverte.

« Qui est là ? cria Santeuil qui composait. »

Le visiteur, sans répondre, continua de frapper.
Santeuil, importuné et ne voulant pas se lever, crie
en colère : « Quand tu serais le diable, entre si tu
veux ! »

Dominique prend son masque, met son chapeau
et entre brusquement, puis, restant quelque temps
dans une posture qui répondait à la stupéfaction
de Santeuil, il se met à gambader dans la chambre.

Revenu de sa surprise, Santeuil se lève pour en
faire autant, mais Dominique, tirant son épée de
bois, lui distribue des petites tapes sur les joues, les
mains et les épaules sans attendre les coups de
poing de son partenaire. Puis, détachant sa ceinture,
et Santeuil son aumusse, ils se firent sauter l'un et
l'autre jusqu'à ce que Santeuil tout essoufflé lui dit :
« Quand tu serais le diable, il faut que je sache qui
tu es.

— Je suis, dit Dominique en contrefaisant sa voix,
le Santeuil de la Comédie-Italienne.

— Si cela est, répliqua Santeuil, je suis, pardieu !
l'arlequin de Saint-Victor. »

Puis les deux combattants s'embrassèrent comme
les meilleurs amis du monde. Cette fois, Santeuil
consentit ce que demandait Arlequin ; et il lui fit
ce vers, aujourd'hui le plus connu de toutes ses
œuvres :

Castigat ridendo mores.

Dans la suite, Santeuil se plaisait beaucoup à
conter et à mimer cette aventure.

Comme Arlequin, le président Pelletier dut
aussi attendre une pièce de vers promise à l'occasion de son mariage, — car les gens de distinction
ne se mariaient point alors sans épithalame. Santeuil ayant tardé beaucoup, un railleur dit que si
Santeuil continuait à se presser tant, les vers faits
pour la noce arriveraient à l'heure des couches.
Le poëte, piqué, apprend que la sœur de Pelletier

épouse Turgot. Voulant se réhabiliter, il court chez un de ses amis dont l'écriture était belle; il le prie d'écrire les vers sous sa dictée. Mais la chambre de l'ami est trop petite pour loger le dieu de l'inspiration, Santeuil étouffe. Son hôte l'emmène alors dans un salon orné de grandes glaces. Là, c'est encore pis. Santeuil s'y voit de tous côtés, grimaçant, tourmenté par les douleurs de l'enfantement poétique.

« Sortons, s'écrie-t-il, sortons d'ici! je deviendrais fou. La rage me prendrait. Retournons dans ta chambre. En montant et en descendant, je composerai, et tu écriras. »

L'œuvre s'achève donc dans l'escalier, où Santeuil se démena tout à son aise.

Enfin huit heures sonnent : — « Il faut que je rentre, dit-il, car, quand je reviens tard, les moines ne font que crier. » — Mais, toujours préoccupé de son affaire, il court chez Thierri, son imprimeur, au lieu de retourner au couvent. A l'imprimerie, on a beau protester qu'il est trop tard. Il envoie chercher des oranges, des biscuits, du bon vin, et il pousse si bien les ouvriers qu'ils consentent à travailler pendant la nuit.

Le lendemain matin, Santeuil apportait sa pièce fraîchement imprimée à M. Pelletier. « Au moins, répétait-il, on ne dira point cette fois que la demoiselle est sur le point d'être mère. »

Il avait le don de repartie. Dans le feu d'une discussion littéraire, il tient tête au prince de Condé, qui croit trancher la question par ces mots :

« Oublies-tu que je suis prince du sang ?

— Eh bien ! moi, je suis prince du bon sens, répond Santeuil... c'est infiniment plus estimable. »

En chaire, il n'avait pas tant de présence d'esprit. Dinouart ne nous l'a point caché :

« Prié, dit-il, de prêcher, un jour de fête, dans un village auprès de Paris, Santeuil monte en chaire ; mais après avoir parlé un quart d'heure, il s'embrouille. Comme il aimait mieux ne pas continuer que de battre la campagne, il s'en tira avec cet aveu dépouillé d'artifice :

« — *J'avais bien des choses encore à vous dire, mais il est inutile de vous prêcher davantage, vous n'en seriez pas meilleurs.*

« Il finit par ces mots et descendit de chaire. »

La visite d'Arlequin chez Santeuil a fourni, je crois, la matière d'un acte au théâtre. Que d'autres pièces ne ferait-on pas avec les nombreux épisodes qui font de la vie du poëte une longue comédie ?

C'était l'homme aux aventures. Dans les premiers temps, on n'osait lui laisser faire dans Paris la moindre course, de crainte de ne le pas voir revenir. Allant au gré de ses caprices, buvant avec le premier venu quand il avait soif, achetant et mangeant dans la rue quand il se sentait en appétit, causant avec tous les passants selon l'occasion, qu'on fût duc ou crocheteur, Santeuil était l'insouciance personnifiée.

Le jour même où il dut prononcer ses vœux, il

avait accepté une invitation à déjeuner. Et l'heure
de la cérémonie avait sonné qu'il n'y pensait guère.
On l'alla quérir à table. — Le chapitre s'assembla
et la solennité fut en partie remise.

Par contre, il entrait volontiers dans les églises,
comme nous l'avons vu déjà, sans y être appelé par
aucun devoir. Cela lui arriva encore dans je ne sais
plus quelle petite ville à l'heure où l'on célébrait un
mariage. Santeuil s'empare du goupillon, se poste
aux côtés du célébrant, répond à la messe et va un
des premiers à l'offrande. Après la cérémonie, il
offre la main à la mariée, et revient avec elle dans
la maison où était dressé le repas. Se mettant à la
place d'honneur, il tient aussitôt le dé de la conversation. Tout le monde est charmé de sa bonne humeur, et sa retraite cause un deuil général.

« En vérité, dit le mari à sa femme, vous avez là
un parent bien spirituel.

— Mais n'est-ce point le vôtre? J'ai cru que c'était
un de vos oncles. »

Quand il n'avait pas d'invitation, il lui arrivait
d'oublier l'heure du repas. Un jour, il était allé avec
un de ses amis à un spectacle particulier, lorsqu'au
beau milieu de la pièce, Santeuil frappe des mains
en criant : « Morbleu ! que je suis sot !

— Qu'avez-vous? lui demanda-t-on.

— J'ai oublié de dîner. »

On rit et son ami lui propose d'aller chercher une
bouteille.

« Tu me feras plaisir, répond Santeuil, mais qu'elle soit de jauge ! »

On lui apporte trois petits pains, deux cervelas et un flacon de deux pintes. Il mange et il boit bravement, aux éclats de rire de son auditoire, en murmurant : « Je serais bien sot de me cacher. Est-il rien de plus naturel que de manger et de boire ? Est-ce que je suis fait pour ces gens-là ? Je ne suis fait que pour moi. »

Après avoir ainsi officié, il lâche un grand soupir et dit tout haut : « Dieu garde ceux qui ne sont pas si bien que moi. »

Une partie de campagne avait réuni Santeuil, son ami Bouin et deux autres personnes. Arrivés à la porte Saint-Denis, ils entrent dans un cabaret pour y attendre la première voiture. La conversation s'engage.

« Tu es bon prédicateur, dit Santeuil à Bouin, mais tu ne saurais écrire une page, tu ne composes pas, tu prêches de fantaisie. Moi, je prépare longuement mon œuvre, je la soumets au contrôle de la critique, je la mets à même de mériter l'immortalité.

— Tu n'es qu'un fou, réplique Bouin. Va faire rire les femmes de la halle ou les riches à la table desquels tu vas boire.

— Je t'engage à parler des riches. Ton père était gros maltôtier, tes frères roulent carrosse. Pour moi, je ne suis que le fils d'un marchand de fer de la rue Saint-Denis. Eh bien, gageons dix pistoles que tu ne

saurais trouver une malheureuse carriole dans ta
famille pour faire notre voyage, tandis qu'avec deux
mots écrits de ma main, je puis faire arriver une
voiture tout à l'heure.

— Gageons ! fait Bouin. »

L'argent est consigné, on fait venir un décrotteur
et on le charge d'aller porter au prince d'Armagnac
un billet par lequel Santeuil lui demandait les
moyens de rouler à trois lieues de Paris. Une heure
ne s'était pas écoulée que le carrosse arrivait.

Il paraît que les seigneurs du temps jadis n'avaient
pas que des coups de bâtons pour les poëtes.

Un autre fois, — c'était encore avec l'ami Bouin,
— Santeuil se rendait au prieuré de Villebel, près
Saint-Denis, qui appartenait à son ordre. Bouin lui
avait assuré qu'un carrosse à six chevaux les attendait à la porte Saint-Denis. Ils vont à pied jus-
que-là. Mais point de carrosse. C'était tout bonnement une voiture de cultivateur chargée de grains.
— Malgré ses allures démocratiques, Santeuil fait
quelque façon ; puis, il finit par s'asseoir sur un sac
d'avoine, en voyant avec quelle grâce son ami se
contente d'une botte de paille.

Arrivés à Saint-Denis, Santeuil crie au charretier :

« Arrête, cocher ! Ici il faut manger et boire un
coup.

— Ne vas pas l'inviter, murmure Bouin... On lui
fera porter quelque chose.

« — Et pourquoi ne mangerait-il pas à notre table? Tu m'as bien fait venir avec lui.

— Il faudrait alors que les chevaux soient de la fête, si on suivait ton raisonnement.

— Non pas! les chevaux sont nés pour notre service et cet homme ne sert qu'en raison de sa pauvreté. Nous sommes tous égaux. »

Et prenant le charretier par la main, il le fait placer à table et débute par lui verser une forte rasade avec ces mots encourageants : « Buvez, mon cher ami, à la santé de M. l'abbé. C'est lui qui nous traite. »

Le charretier boit si bien à l'abbé et à l'égalité, qu'il se trouve gris au moment de ressaisir les rênes.

« Il ne nous en mènera que mieux. » répète Santeuil à Bouin, qui trouve dangereux d'avoir tant fait boire un cocher.

Cependant, les chevaux trop fouettés vont d'un tel train que la voiture verse dans une ornière. Bouin a la joue écorchée ; Santeuil pousse mille anathèmes. Le charretier, les chevaux, la charrette, les roues, les chemins et les agents de la voirie, ont tour à tour part à ses malédictions. Tout en maugréant, ils arrivent à Villebel où Bouin prêche merveilleusement le lendemain.

Au retour, Santeuil que la moitié de la route faite à pied avait réconcilié avec les charretiers, rencontre une haute voiture de foin. Avec la permission et l'aide du conducteur, le voilà juché sur le sommet.

Passe une dame de la cour d'autant plus surprise
de voir le prêtre perché si haut, qu'un peu avant,
elle l'avait vu dans le carrosse de M. le prince de
Condé.

« Bonjour, monsieur Santeuil, fait-elle en riant.

— Je vous tiens, je vous tiens! » — fait Santeuil en
montrant ses tablettes sur lesquelles il griffonne des
vers de commande. Et il se replonge dans son travail avec une assuidité telle qu'il manque de s'as-
sommer pour avoir négligé de baisser la tête en passant sous la porte Saint-Denis.

Dès que les vers latins étaient sur le tapis, on peut
dire que notre poëte perdait le peu de raison qu'il
avait. Un chevalier d'industrie profita de cet amour
pour le détrousser d'une façon assez comique.
Comme il lui était tombé entre les mains des vers
manuscrits *sur la mort d'un perroquet*, il alla les
soumettre, en déclarant qu'il en était l'auteur, à
l'approbation de Santeuil.

Celui-ci lit la pièce ; il la trouve de son goût. Par
réciprocité, il récite lui-même sa dernière composition. Le visiteur simule l'enthousiasme. Santeuil
s'y laisse prendre et convie son admirateur à déjeuner. Un déjeuner de poëte, dans la cellule de Saint-
Victor. Le vieux domestique va chercher du vin et
Santeuil lui-même sort pour se munir de quelques
provisions. Resté seul, notre chantre de contrebande
en profite pour décrocher deux surplis, un castor et
la montre de son hôte, sa montre de dix pistoles. Au
retour, Santeuil ne retrouve que le vieux feutre de

son escroc. La perte de ses surplis, de sa montre et de son castor le mit dans une telle rage qu'il descendit aussitôt pour taper sur le portier qui n'en pouvait mais.

Ce pauvre portier de Saint-Victor avait toujours quelques affaires avec Santeuil. Il n'est pas de tours que celui-ci ne lui jouât ; en voici un qui se trouve dans tous les recueils d'anas.

Comme Santeuil, invité souvent à dîner, rentrait assez tard, son prieur y avait mis ordre en défendant de lui ouvrir après neuf heures. Un peu après, le poëte se trouve en contravention. Le portier arrive, mais refuse d'ouvrir. Après l'avoir bien prié, Santeuil se détermine à lui offrir un écu par le guichet. Cette largesse fait lever la consigne, mais à peine est-il entré qu'il feint d'avoir oublié un livre dans le carrosse qui l'avait amené. Pendant que l'obligeant portier va chercher le livre, Santeuil auquel son écu tenait fort à cœur, ferma la porte et ne la rouvrit point que sa victime n'eût consenti à le rembourser, — toujours par le guichet. — C'était une des farces qu'il prenait le plus plaisir à conter.

Pour faire excuser ses frasques, Santeuil usait d'une plaisante raison vis-à-vis de ses supérieurs. La nature, disait-il, l'avait doué de passions tellement impétueuses, que si on leur bouchait toute issue, il tomberait infailliblement dans la galanterie.

Bien que le prieur de Saint-Victor aimât mieux encore le voir taxer de folie que d'impudicité, cependant il était quelquefois obligé de sévir. Après une forte réprimande méritée pour ses inexactitudes, Santeuil est un jour condamné à se donner la discipline.

Le lendemain, de grand matin, le prieur voit entrer le coupable en chemise. Il reste stupéfait.

« Pardonnez-moi, mon Père ! dit Santeuil. Me voici comme Adam en état d'innocence. »

On ne pardonna point à ce pénitent par trop décolleté, et il eut huit jours d'arrêt de plus.

Une autre fois, Santeuil, consigné dans sa cellule pour une dispute de jeu, — imagina de faire le mort pour désespérer ses supérieurs. On frappe à la porte, on l'enfonce en voyant qu'on n'obtient aucune réponse, et on trouve Santeuil étendu raide et froid sur le carreau. Les religieux accourent. On fait cercle autour du prétendu cadavre sur lequel le pauvre prieur pleurait encore plus que les autres, s'accusant de l'avoir poussé à bout par ses rigueurs. Enfin un des moines lui ayant crié à l'oreille « Dismoi, pauvre ami Santeuil, es-tu bien mort ? » — celui-ci ne put retenir un éclat de rire qui consola l'assemblée.

Il adorait les serins, et il en avait un blanc qui lui avait coûté vingt écus. Grosse somme pour un avare ! Toujours il demandait au cellerier de la communauté quelques friandises pour sa ménagerie. Importuné, celui-ci refuse une fois deux œufs durs. Voilà Santeuil en colère, roulant de gros yeux, fermant ses poings et criant d'une voix menaçante :

Numquid Santolius non valet ova duo? (Est-ce que Santeuil ne vaut pas deux œufs?)

Il n'est pas besoin de dire que le frère cellerier composa.

Dès qu'il s'agissait de ses oiseaux, Santeuil bravait tout. La reine d'Angleterre ayant un jour visité Saint-Victor, une dame de la suite poussa le sans-façon jusqu'à prendre dans la volière le serin le plus beau; elle le cacha dans un endroit qu'elle croyait sûr, mais elle comptait sans l'œil du maître qui, peu soucieux de la noble assistance et des cris de la dame, reprit son serin en la place où il était caché.

Pour un homme colère, il supportait parfois d'assez mauvaises plaisanteries. Un M. Daugeois l'avait invité à passer quelques jours dans une maison de campagne. Pendant la nuit, on enlève le haut-de-chausses et la soutanelle de Santeuil, et on les fait rétrécir pour les rapporter ensuite dans la chambre où il dormait. M. Daugeois vient y frapper ensuite de grand matin pour ne pas lui donner le temps de la réflexion.

« Avez-vous bien dormi? » demande-t-il en réveillant Santeuil.

— Pas plus qu'il ne faut, répond celui-ci en se frottant les yeux.

— Vous êtes donc malade?

— Point du tout.

— Cependant, je ne vous trouve pas bonne mine. »

Santeuil proteste qu'il ne s'est jamais mieux porté; il saute hors du lit pour s'habiller. Mais son haut-de-chausses refuse tout passage, et sa soutanelle est devenue si étroite qu'elle craque à l'emmanchure. Santeuil surpris se remet au lit devant lequel Daugeois stationne en affirmant de nouveau qu'il observe un gonflement de sinistre augure. Un médecin arrive, avec des instructions secrètes ; il tâte le pouls de Santeuil, examine la langue et déclare le cas grave.

« Cependant, je ne sens rien, balbutie Santeuil.

— Tant pis ! repart le médecin. C'est signe que le mal vous ôte la perception exacte de ce qui se passe en votre corps. »

Il s'ensuit une seconde édition de la comédie de *Pourceaugnac*. On clystérise, on saigne le pauvre poëte, qui ne se ranime un peu qu'après avoir absorbé en guise de purgation un grand verre de vin de Madère. Au bout d'une heure, il déclare que la médecine ne produit pas d'effet, et il demande qu'on double la dose. Le docteur accourt de nouveau.

« Que sentez-vous maintenant ? dit-il.

— Une grande chaleur.

— Bon ! On va vous administrer une limonade rafraîchissante. »

Arrive une bouteille de vin blanc. La dégustation de ce dernier remède éclaire tout à fait Santeuil, qui se lève brusquement en criant :

« Je crois qu'on se moque de moi ! »

Puis il se mit à chanter et à danser de façon à faire pâmer ses mystificateurs.

Une mystification atroce, si elle était vraie, serait celle dont parle Saint-Simon, qui accuse le duc de Bourbon d'avoir causé par imprudence la mort de Santeuil en versant du tabac à priser dans son verre. Mais les rapports des témoins oculaires s'accordent pour déclarer que le duc n'assista même pas au dernier souper de Santeuil.

La Bruyère, qui connaissait bien Santeuil, l'a peint dans ses *Caractères* sous le nom de Théodat. Le portrait est admirable de vérité. Bien qu'il ne fût pas flatté, son modèle le goûta, et le président Bouhier dit avoir vu entre les mains de La Bruyère une lettre de remercîment signée *Votre ami Théodat, fou et sage.*

Allusion aux lignes où l'auteur des *Caractères* avait écrit : « Il parle comme un fou et pense comme un sage. »

Plus tard, lorsqu'il mourut dans un voyage à Dijon, son corps fut réclamé par les chanoines de Saint-Victor. Pour ne point payer des droits considérables à tous les curés sur le territoire desquels le corps devait passer, on s'avisa d'emballer la bière dans une caisse ordinaire, sur laquelle on écrivit : *Marchandises mêlées.*

Dernière et fortuite ironie du destin qui semble avoir voulu faire ressortir le mélange singulier de défauts et de qualités qui caractérisa ce poëte original !

L'APOTRE JEAN JOURNET

Les documents ne manquent pas ici. En dehors des nombreux articles des petits journaux dont Jean Journet faisait la joie, M. Champfleury lui a consacré un des meilleurs chapitres de ses *Excentriques;* j'y ai relevé de bien amusantes histoires, et j'en ai donné ici quelques-unes. Puis, quatre ans avant sa mort, Journet, lui-même, a patroné une sorte d'autobiographie qui n'est point à dédaigner. — Sans elle, nous ne saurions pas qu'en 1793, le père de l'apôtre était maire de Carcassonne, « *cette cité-pépinière de cœurs intrépides.* »

L'éducation du fils d'un premier magistrat municipal ne pouvait être négligée. Néanmoins, le jeune Journet se montra peu digne de cette première culture.

« Si ses professeurs vivent encore, — dit avec une sorte d'orgueil la biographie sus-nommée, — ils peuvent attester qu'ils n'en tirèrent jamais le moindre devoir ni la moindre leçon... Il resta quarante ans sans songer si la langue française avait des lois. »

Tout en laissant sommeiller ses connaissances grammaticales, Jean Journet fut tour à tour carbonaro, soldat, pharmacien, fleuriste, et apôtre. — C'est surtout en cette dernière qualité qu'il s'est fait connaître...

Apôtre singulier, car les fouriéristes pour lesquels il prêchait le traitaient de fou ; lui-même les injuriait, demandant hautement la suppression de leur organe « insidieux et infernal » *la Démocratie pacifique*. — Pour lui, le journal, qui avait eu le tort grave de refuser ses poésies, coûtait trop d'argent et n'amenait pas assez vite la construction de l'édifice phalanstérien. Comme lui, il fallait faire à la bourse des souscripteurs un appel plus direct; il fallait frapper à toutes les portes, réveiller les endormis, terrasser les incrédules. On devine combien de promenades et combien de vicissitudes l'attendaient; car nos populations modernes sont trop civilisées pour mordre aussi vite à l'apostolat.

Plus d'une fois, les Pharisiens lui apparurent sous la forme de quatre fusiliers et d'un caporal.

A Toulouse, des étudiants dérangés dans une partie de dominos envoient Jean Journet au poste du Capitole.

A la salle Pleyel, pendant un concert qu'il a troublé par ses harangues, les domestiques et les gardes municipaux de service l'auraient, comme les Toulousains, envoyé au poste de la rue Cadet, si, par une inspiration sublime, l'apôtre ne s'était placé hautement *sous la protection des dames.*

Il est moins heureux à l'Opéra et au Théâtre-Français qu'il inonde de brochures de propagande, au beau milieu de deux représentations. La première fois, on le conduit à Bicêtre, et il se voit condamné comme fou, aux douches et aux lavements d'assa-fœtida, lorsque les sollicitations de M. Montgolfier l'arrachent à ce traitement par trop rigoureux. Il faut lire dans la notice de ses *Chants harmoniens* le récit tragi-comique de ces diverses aventures. Je ne saurais trop le recommander aux curieux.

S'il opérait sur les masses, l'apôtre ne négligeait pas les grandes individualités. Pas un personnage connu qui ne reçût sa visite; mais là encore, combien de cruels mécomptes! — « Si dans cette horrible époque, écrivait-il désespéré, il me restait encore un sourire à utiliser, je l'emploierais volontiers à l'encontre des procédés dont je suis l'objet. Le poëte méconnaît l'apôtre, le philosophe méprise le poëte, l'écrivain me consigne à la porte, le député philanthrope ne s'occupe pas de questions sociales... *Amen!* »

Victor Hugo, cependant, avait reçu Jean Journet qui lui avait écrit modestement : — « Vous cherchez la gloire, suivez-nous ! Quinze jours d'études fortes et vous verrez. »

Cousin avait pris la peine de lui écrire une lettre fort religieuse concluant ainsi : — « Travaillez, ne rêvez pas quand vous souffrez, pensez à Dieu et non à la régénération sociale. »

Mais Mᵐᵉ Sand avait été plus récalcitrante, comme le prouve cette autre adjuration de l'apôtre : — « *Vingt fois* je me suis présenté *inutilement* chez vous pour toucher votre cœur, éclairer votre esprit. »

Et Lamartine!... Ah! Lamartine!!... C'est encore pis — « Poëte, — lui écrit Jean Journet, — poëte! à bas l'hypocrisie!... Assez de semblant de religiosité. La farce est jouée. Étoile nébuleuse, il faut s'éclipser! »

Il fallait des gardiens avisés pour protéger contre les assauts d'un visiteur si tenace. Le pauvre Casimir Delavigne en fit un des premiers l'expérience. Trois fois, il avait fait répondre qu'il était souffrant.

« On ne peut être si longtemps indisposé. Il faut vivre ou mourir, » — s'écrie Journet en pénétrant de vive force dans le cabinet de Casimir, qui demande troublé :

« Qui êtes-vous, monsieur?

— Je suis l'apôtre!.... Avez-vous lu ma brochure?

— Non, monsieur. ·

— Où est-elle? Qu'on la cherche. Je la veux. »

Subjugué, le chantre des *Messéniennes* obéit. On trouve dans le panier les *Cris et Soupirs* de Jean Journet... Je laisse à penser quelle sortie il fit sur cette découverte.

Le pouvoir ministériel ne diminuait rien de ces allures impérieuses. Il obtient un jour, par fortune, audience du secrétaire général de l'instruction publique.

Dès le début, ce fonctionnaire voit le gouffre dans lequel il allait tomber, il essaie d'en imposer au visiteur en disant d'un air pressé :

« Serez-vous long, monsieur?

— Très-long.

— Beaucoup de personnes attendent.

— Que fait le nombre de ces personnes devant les trente mille victimes au nom desquelles je parle ! »

Désespéré, le secrétaire général, en feuilletant un dossier, l'invite à parler. Mais l'apôtre ne le voulut point avant que le dossier ne fût remis en place et il tint parole. Son discours fut immense.

La propagande rendait l'apôtre féroce. Le jour où il vint se présenter chez le colonel Bory de Saint-Vincent, on répond que le colonel est alité et qu'il dicte son testament au notaire. — Jean Journet s'élance et vient crier aux oreilles du malade : — « Vous pouvez encore sauver le monde ! »

Le pauvre colonel souscrivit, — mais sa souscription mourut avec lui, une semaine après.

Bien que M. Alexandre Dumas vive encore, sa donation fut non moins illusoire que celle de Bory de Saint-Vincent. L'histoire de cette donation est assez curieuse.

Visité et prêché par l'apôtre en son domaine de Saint-Germain, notre illustre romancier s'était écrié avec effusion : — « Apôtre, vous êtes mon ami. Je

veux mettre votre vieillesse à l'abri des besoins les
plus vulgaires. »

Et il lui confia ce précieux autographe dont
M. Champfleury a, le premier, publié le texte :

A M. Jules Dulong, agent général des auteurs dramatiques.

Mon cher Dulong,

Je veux faire une bonne action. Il faut que vous m'aidiez.

Je vous adresse M. Jean Journet, l'apôtre de Fourier. — Je
crois à certaines parties de sa doctrine, mais je crois surtout
à la probité, au dévouement et à la foi de celui que je vous
adresse.

Je désire lui constituer sur mes droits, *et je crois la chose
possible,* une petite rente de cent francs par mois, — jusqu'à ce
que la société puisse faire quelque chose pour lui.

Il touchera directement chez vous et vous me compterez les
reçus comme argent.

Ceci restera entièrement entre nous deux.

        « A vous de cœur,

                ALEXANDRE DUMAS.

Dieu et Fourier savent si Jean Journet fut heureux... tant qu'il ne vit pas M. Dulong, mais celui-ci
dut lui apprendre qu'il fallait patienter longtemps,
toujours peut-être, les droits de M. Dumas étant
hypothéqués déjà par un trop grand nombre de
bienfaits.

L'apôtre pouvait, il est vrai, porter le fait à la
connaissance de son protecteur, mais qu'eût-il pu
faire, sinon l'éclairer inutilement sur l'inefficacité
de ses intentions généreuses ? Jean Journet avait le
cœur trop haut. Il prit donc l'intention pour le

fait, et il continua de plus belle à répandre la vraie parole.

Cette vraie parole se répandait en tous lieux, à toute heure. Il déclamait au café, il déclamait au restaurant, toujours distribuant ses petites brochures. La propagande ne plaisait pas à tout le monde, et, bien souvent, on le mettait à la porte sans égard aucun pour ses airs superbes.

Un certain soir, passant rue Jacob, vers dix heures, mon ami D. voit la porte d'un estaminet s'ouvrir brusquement et donner passage au corps d'un homme littéralement projeté sur le trottoir.

« Mais on ne met pas ainsi les gens dehors, — dit D. au limonadier. — Vous l'avez peut-être assommé.

— Ah ! vous ne le connaissez guère, — répond celui-ci. C'est un enragé qui embête tous mes clients. »

Plus humain, D. veut relever Jean Journet, car c'était lui qui restait étendu en poussant de grands cris.

« Va-t'en ! crie l'apôtre en délire. Va-t'en, mouchard ! »

Il fallut réclamer le concours d'un sergent de ville, au bras duquel il consentit à s'accrocher en grommelant : — « Au moins celui-là est en uniforme. »

C'est encore chez les hommes d'église qu'il fut écouté le plus poliment. A preuve, sa visite à l'évê-

ché de Montpellier. Il y avait réception le jour où
l'on vit arriver un homme peu vêtu, disant d'un ton
bref : « Je veux voir Monseigneur. Annoncez
l'apôtre ! »

Et il entre en déclamant :

> Réveillez-vous, lévites sacriléges,
> Ivres d'encens dans la pourpre endormis.
> Le Saint-Esprit m'a dévoilé vos piéges,
> Il va saper des sépulcres blanchis.

L'évêque entendait la plaisanterie ; il laissa Jean
Journet fulminer paisiblement, en vers et en prose,
ses accusations contre le clergé ; il écouta ensuite
l'exposition de la théorie de Fourier, et il termina
son œuvre de charité chrétienne en faisant acheter
à l'assistance une collection des petites brochures de
l'apôtre.

En je ne sais plus quelle autre ville du Midi, Jean
Journet tomba sur un prélat plus bref. Au point de
vue laconique, leur entretien fut curieux.

« Qui êtes-vous ? demanda cet évêque à Jean
Journet.

— L'apôtre.

— Que voulez-vous ?

— L'harmonie universelle.

— Par quel moyen ?

— Par le moyen de cette brochure.

— Combien ? fait l'évêque en prenant le fascicule.

— Quarante sous.

— Voici cinq francs. Rendez-moi la monnaie. »

Bien qu'il ne fût pas facile à démonter, l'apôtre ne trouva rien à dire de plus, et il dut battre en retraite.

Les ateliers de peinture étaient l'arène favorite de Jean Journet. Il y avait là plus d'air, plus d'espace, plus de pipes à fumer. En fait d'excentricités, on pouvait tout se permettre vis-à-vis d'un auditoire gouailleur, mais ne haïssant point le paradoxe.

Plus rares et moins faciles à dominer étaient les cénacles littéraires. Il en était un surtout où la vertu de l'apôtre fut mise à de dangereuses épreuves. Je veux parler de celui qui se réunissait volontiers chez un modèle nommé Mariette, dont les *Aventures* ont eu les honneurs de plusieurs éditions. La maîtresse de la maison était une femme d'esprit qui, sans aucune instruction d'ailleurs, ouvrait volontiers son logis aux assemblées littéraires. Là, se groupaient des écrivains dont la renommée a depuis *passé les ponts*, comme on dit, sur la rive droite, de toute chose adoptée par le monde parisien. — Au milieu d'eux, Mariette allait et venait dans un appareil fort léger, vaquant au besoin du ménage avec autant de liberté que si elle n'avait pas eu le plus petit soupçon de congrès.

Introduit dans ce cercle, Jean Journet ne perdait guère l'occasion d'y venir étaler la doctrine. Les grandes théories avaient le privilége d'exciter les railleries de Mariette qui en faisait justice sans avoir besoin de prononcer un seul mot. Il lui suffisait pour cela de recommencer l'histoire éternelle de la femme et du philosophe.

Au plus beau moment, sans faire de bruit, la femme venait s'asseoir tout près, très-près du philosophe, elle lui faisait les doux yeux, elle passait à deux ou trois reprises, les doigts dans une chevelure rebelle... et rougissant, fasciné, l'orateur pataugeait de telle sorte que toute l'assemblée se chargeait de la péroraison par un éclat de rire homérique.

Les vers de l'apôtre sont épars en de nombreuses brochures. Tous les six mois, il fallait recevoir de lui un cahier de quelques pages imprimées dans la banlieue sous le titre le plus retentissant possible. Le seul recueil capital fut celui des *Chants harmoniens*, qui parut en 1857. On lisait sur la première page :

AUX SOUSCRIPTEURS

DIEU, LE GENRE HUMAIN, L'APOTRE

RECONNAISSANTS.

La liste offre, fraternellement confondus, les noms de Nadar, Jean Gigoux, Ponson du Terrail, Nanteuil, Ponroy, Frédéric de Reiffenberg fils, Auguste Galimard, Flandrin, Baron, Félix Mornand, Plouvier, Scholl, Mario Uchard, etc. — M¹. de Villemessant, lui-même, a donné ses dix francs au poëte harmonien.

Parmi ces nombreux Mécène, beaucoup n'en étaient pas à leur première obole. Plusieurs avaient

même contribué à le faire connaître. C'est ainsi que
Nadar avait répandu déjà une superbe photographie
de Jean Journet. Poitrine découverte, cheveux fort
ébouriffés, yeux renversés extatiquement, tout y
sent l'apôtre détaché de ce bas monde. En 1850,
Courbet l'avait aussi peint en pied, partant à pied,
sac au dos et bâton en main, pour conquérir le
monde. — Ce portrait fit partie des trente-huit toiles
qui composèrent la première exhibition particulière
du *maître peintre*, en 1855.

On ne peut guère apprécier l'œuvre poétique de
l'apôtre. Ce qui frappe chez lui, c'est la solennité
avec laquelle il suit la tradition de Jérémie. C'est
une lamentation perpétuelle. Le genre humain ne
vaut pas une chiquenaude. Les ministres sont des
vampires affamés; les députés, des législateurs funèbres; les prêtres, des imposteurs; les philosophes,
des êtres stupides; les artistes, des gens assoupis.
Poëte, il ne fait pas de grâce aux poëtes qu'il écrase
en détail. L'école mystique, Lamartine en tête, n'est
pour lui qu'un ramassis de *bardes dégénérés*. Alfred
de Musset et les sceptiques sont des aveugles bouf-
fis de vanité. En 1841, il s'attaque au roi dans *Ana-
thème* :

> Et je vois le monarque entouré de vautours
> Déchirant sans pitié la carcasse publique.

Mais il est plus clément pour la pieuse Marie-
Amélie, à laquelle il dédie un autre morceau : *Si
j'étais reine !*

C'est qu'avec ses airs farouches, l'apôtre ne dédaignait point, à l'occasion, de correspondre avec la Cour. En 1857, il dédiait l'*Ère de la femme* à l'Impératrice, qui a dû être émue en lisant ce vers :

Je ne vois plus que vous qui puissiez nous sauver.

C'est aussi en 1841 qu'il adressa *au journalisme encroûté* cette ode dans laquelle il n'a pas de couleurs assez noires pour peindre le folliculaire français :

Renard et tigre tour à tour,
Protée aux allures funèbres,
Il frémit à l'éclat du jour,
Il gouverne par les ténèbres.

A la fin de chaque strophe, se trouvait placé le refrain : *Levons-nous ! écrasons l'infâme !*

Mais rien ne dépasse la pièce qu'il adressa, la même année, *aux académiciens fossiles*. En voici encore quatre vers :

Vous dormez, lâches sentinelles !
Dans votre sommeil léthargique,
L'esclave s'armant de ses fers,
Va broyer votre âme impudique.

Ces *fers broyant des âmes impudiques* peuvent donner une idée de la forme affectée par Jean Journet, bien qu'il se prétende *inaccessible aux vains jeux de la phrase*. — Chez lui tout est d'une véhémence ultra-biblique. L'indignation est son état ordinaire. La colère le prend souvent, et quelle colère ! Il ne parle pas, il crie. En 1840, il rime ses

Cris et Soupirs. En 1841, c'est le tour de ses *Cris de douleur.* En 1846, il a repris haleine et poussé à la fois un *Cri d'indignation* et un *Cri de délivrance.* L'année 1849 nous vaut le *Cri de détresse.* — Total : cinq cris différents, sans compter tous ceux que nous oublions.

Dans les dernières années de sa vie surtout, Jean Journet ne dut pas conserver de grandes illusions sur la mise en pratique de ses théories. N'avait-il pas d'ailleurs fait partie du phalanstère de Citeaux subventionné par un Anglais fouriériste et dirigé par une femme, Mᵐᵉ Gatti de Gramond ? Dès la réalisation inespérée de ce rêve, Jean Journet avait reçu ce qu'on appelle *un coup d'assommoir.* Mᵐᵉ Gatti ne l'avait jugé bon qu'à jouer le rôle de *bûchiste* (lisez *scieur de bois*) dans la communauté ; elle lui avait interdit de plus toute élucubration poétique. Quelle chute pour l'apôtre triomphant ! Se trouver réduit à rimer en cachette comme un écolier.

LE MARQUIS DE SAINT-CRICQ

Ce marquis fut un excentrique heureux.

Ses moindres farces ont été commentées par la presse contemporaine, — publicité qui ne fut jamais sans charme pour lui, si j'en juge par l'ostentation qu'il apportait dans ses récidives. Paris est, du reste, la ville du monde où il est le plus facile de faire parler de soi lorsqu'on veut marcher sur les traces de notre héros. Il y a tant de gens qui cherchent à s'y amuser, et il y en a si peu qui consentent à divertir autrui.

Les singularités de M. de Saint-Cricq se sont produites sur deux arènes privilégiées : — le café et le théâtre.

Le théâtre le voyait arriver le premier et partir le dernier. Cricq prenait souvent une loge pour lui seul, et il y donnait bravement la comédie, interpellant les acteurs en scène et jugeant à sa manière la pièce représentée.

Il détestait Scribe presque autant que la charte constitutionnelle. Les jours où on jouait du Scribe, il s'asseyait à l'américaine en se renversant sur son fauteuil et en plaçant les pieds sur le balcon de la loge. C'était sa façon de protester ; il répondait aux mécontents que la littérature Scribe était bonne pour ses bottes.

C'est lui qui fit un soir en plein Théâtre-Français cette proclamation fameuse :

« Je demande trente mille francs pour l'auteur. Avec trente mille francs, il ne pourra plus dire que le besoin de manger lui fait faire d'aussi mauvaises pièces. »

Le docteur Véron semble avoir été témoin de cet esclandre, car il y fait allusion dans ses *Mémoires* ; seulement, il varie sur le chiffre de la somme demandée qu'il porte à plus de deux cent mille francs.

C'est ausssi M. de Saint-Cricq qui apporta le premier une chaufferette à l'Odéon. — Protestation éloquente contre l'absence de calorifères !

Seulement, il gâta la chose en voulant faire passer sa chaufferette à l'acteur dont le jeu était chargé de réchauffer la salle.

Et il se vit expulsé de l'Odéon, comme du Théâtre-Français, comme du théâtre de la Porte-Saint-Martin qu'il désola, pendant le choléra de 1832, par des demandes exorbitantes de chlore et autres désinfectants.

Ses démélés avec l'Opéra sont aussi célèbres.

Expulsé de sa stalle pour raisons majeures, il se

donna la peine de recruter quatre-vingts joueurs d'orgues de Barbarie, à seule fin d'humilier les quatre-vingts musiciens de l'orchestre. Une fois organisé, et, non sans peine, ce petit corps d'armée cerna le théâtre et commença, sur le signal de son chef, le plus monstrueux charivari qu'on eût jamais entendu.

J'aime mieux la vengeance qu'il tira certain soir des procédés du Théâtre-Français. On l'avait mis à la porte au nom de l'ordre public. Pendant toute la soirée, il raccole, paye et renvoie tous les fiacres des environs. Trois minutes avant le dénoûment de la dernière pièce, il repasse devant le contrôle désert, s'insinue dans les couloirs et revient se dresser sur sa stalle comme un joujou à surprise, en criant à l'auditoire :

« Vous êtes trop bêtes ! Vous ne trouverez pas dé voitures en sortant, et il pleut à verse ! »

Bien que ce dernier tour soit joli, on est fondé à craindre que le récit n'en soit pas rigoureusement vrai. En remontant aux sources, je trouve dans un vieux numéro de *la Semaine*, une version plus ancienne du même fait ; elle est due à M. Jules de Saint-Félix, qui lui donne une date certaine (1835), et elle présente des variantes tellement circonstanciées que je dois les recommander ici.

Saint-Cricq aurait tout bonnement parié au café de Paris que, par une soirée de pluie, il priverait de voitures tous les spectateurs sortant sans équipages à eux du Théâtre-Français. Il avait parié de plus que, le même soir, tous les soupeurs du café de Paris ne boiraient pas une goutte d'eau.

Dans la soirée convenue, les spectateurs du Théâtre-Français ne purent, en effet, profiter des voitures stationnant place du Palais-Royal. Elles étaient toutes retenues; pas une ne voulut bouger, et la foule des bourgeois faillit faire un mauvais parti aux cochers.

Cependant, les fiacres vides s'ébranlèrent à un moment donné, prirent la direction du boulevard des Italiens, et vinrent, à la file, se ranger devant le café : le convoi était mené par un fiacre jaune tapissé de velours rouge, duquel Saint-Cricq descendit triomphalement.

Se plaçant ensuite sur le seuil du café, il frappa trois fois dans ses mains. — Au cri de : *Partez!* deux cents fiacres environ roulèrent dans toutes les directions avec un bruit de tonnerre.

Mais ce n'était pas tout.

Après s'être ménagé cette belle entrée, Saint-Cricq pénètre dans le salon commun. — Une vingtaine de personnes y soupaient. — Elles n'ont d'yeux que pour notre parieur en l'entendant demander, pour tout potage, une carafe d'eau et en le voyant soumettre une goutte d'eau de cette carafe à l'observation d'un microscope portatif. Après quelques minutes d'une contemplation silencieuse, Saint-Cricq se lève, et, s'adressant à la dame de comptoir :

« Madame, dit-il, il m'est impossible de boire cette eau... Voyez!... »

La dame risque un coup d'œil et pousse un cri

d'effroi répété par tous les assistants qui viennent, tour à tour, contempler les dragonneaux hideux visibles au microscope dans l'eau proscrite.

Le premier instant de dégoût passé, on se mit à rire. Mais l'impression était restée, et on la noya ce soir-là dans des flots de vin de Champagne. Personne ne toucha aux carafes.

M. de Saint-Félix ajoute qu'on dut ramener ce soir-là M. de Saint-Cricq chez lui, — dans un seul fiacre.

Au temps de sa splendeur, le marquis avait un coupé au mois, mais cela ne l'empêchait pas de faire ses courses à pied. — Son équipage suivait.

L'hiver, quand il avait attrapé un rhume, il trouvait le coupé trop froid et préférait un fiacre préalablement chauffé par l'haleine de quatre commissionnaires qu'il y renfermait pendant une heure, toutes glaces levées.

Mais les cochers n'en étaient pas toujours quittes à si bon marché.

L'un d'eux voit un jour M. de Saint-Cricq monter dans son véhicule en disant : — « Prends les boulevards, et toujours tout droit ? »

A la Bastille, la voiture s'engage dans le faubourg Saint-Antoine ; elle arrive à la barrière du Trône.

« Allons-nous plus loin, bourgeois ? »

— Va toujours, il y a un bon pourboire. »

Le fiacre traverse Saint-Mandé. Aux environs de la Tourelle, le marquis fait arrêter dans le bois, non loin de l'allée fameuse où brilla le couteau du sanguinaire Papavoine ; il prie son automédon de descendre, et il lui dit, avec une douceur exquise, toujours comme Papavoine :

« Je vais faire ton bonheur en te brûlant la cervelle. »

Et le cocher de faire galoper ses chevaux pour échapper aux mains de cet assassin monomane.

Il y a encore la mystification de la baignoire.

Saint-Cricq commande des bains dans les établissements de son quartier ; tous doivent arriver à son domicile pour la même heure. Au moment fatal, se présentent une, puis deux, puis quatre, puis six, puis huit voitures de bains. La cour est encombrée de baignoires, l'eau ruisselle dans l'escalier, les garçons se disputent et la tête du concierge se perd.

Enfermé dans sa chambre, et tapi derrière la persienne, Saint-Cricq observe et jouit...

Une autre fois, Saint-Cricq recrute trente et un fiacres à la Bastille, il en forme une seule colonne qui règle sa marche sur la sienne ; — il était monté dans le premier.

En face du perron de Tortoni, la procession s'arrête, et Saint-Cricq se fait apporter trois glaces. Puis, déclarant bien haut que la chaleur était insupportable, il avale la première glace et glisse les deux autres dans ses bottes.

Les chroniqueurs ont affirmé que les glaces étaient à la vanille et à l'ananas, mais ce point d'histoire ne me paraît pas encore bien fixé.

D'après M. Yriarte, qui a beaucoup étudié M. de Saint-Cricq, ces consommations de glaces à propos de bottes se renouvelaient souvent.

« Il s'asseyait devant Tortoni, demandait une glace à la vanille et une glace à la fraise ; puis, rassemblant ses idées un instant, se déchaussait sans façon et versait consciencieusement sa glace à la vanillle dans la botte droite et la *fraise* dans la botte gauche. Quand il lui arrivait de se tromper, il maugréait tout bas en reconnaissant son erreur, vidait ses bottes et redemandait deux autres glaces en répétant jusqu'à l'arrivée du garçon :

« *Glace à la vanille, botte droite !*
« *Glace à la fraise, botte gauche !* »

Ne nous étonnons plus si le marquis de Saint-Cricq avait reçu le surnom populaire de *père des fiacres*.

Son chapeau gras et son double carrick à trois collets ne juraient pas avec cette qualification. Le carrick abritait un gilet, un pantalon et une redingote pleins de taches. Il est vrai que M. de Saint-Cricq avait pour rehausser ces dehors peu soignés, une tête assez aristocratique, une grande agrafe d'argent au collet, et, à la main, son énorme bague chevalière à l'écu portant une croix fleurdelisée, avec deux lions pour supports. L'écusson était reproduit sur sa carte de visite, au-dessus de six à huit lignes de titres vagues comme *chevalier de plusieurs ordres, membre de plusieurs sociétés savantes et étrangères*, etc., etc.

Il avait, ce qu'on appelle scientifiquement, l'appétit dépravé.

Roger de Beauvoir affirme l'avoir vu souper, au café Anglais, d'une salade de mâches et de betteraves, saupoudrées de tabac à priser. Il déclare de plus qu'avant ce régal, le marquis, pour calmer ses migraines, s'enduisait la figure d'un affreux mélange de cold-cream, de tabac et de vin de Condrieu.

Un garçon de café était chargé de la conservation du pot de cold-cream, et, dès qu'il était vide, il avait mission d'aller le faire remplir chez le parfumeur Lubin.

Cependant le tabac ne fut pas toujours mis par lui à toutes sauces. Il prisa pendant quelque temps du sucre en poudre. Ce n'est pas le premier caprice de priseur connu. Deux cents ans avant, M. de Bullion cultivait bien la poudrette.

Après Roger de Beauvoir, M. Yriarte a vu assaisonner une autre salade étrange. L'huile et le vinaigre étaient remplacés par une tasse de chocolat, avec addition de sel et de poivre.

On accuse également Saint-Crieq de s'être fait servir, au café de Paris, des crêtes de coq entourées de tranches d'ananas et de pissenlits.

Pour ne rien omettre, ajoutons qu'après un bain rafraîchissant composé d'oseille et de chicorée, il déjeunait volontiers d'une boîte de sardines arrosées par un verre de kirsch et par plusieurs bols de café au lait.

Le café Anglais payait assez cher l'honneur in-

signe de compter Saint-Cricq parmi ses clients. Dans
l'*Étincelle*, Roger de Beauvoir a laissé sur ce beau
temps des notes fort intéressantes qui reparaîtront,
je l'espère, avant qu'il soit peu.

Voici, entre autres, un épisode qui montre bien
la ténacité de notre mystificateur.

Le petit salon où il se rendait d'habitude était le
dernier du rez-de-chaussée. Cette pièce était préférée
par les beaux fils, — les *jeunes seigneurs* (comme on
disait alors), qui, revenant des Italiens en bas à jour,
cherchaient à souper chaudement. Cette prédilection
gênait Saint-Cricq dont elle dérangeait les habitudes ; il remarqua les dispositions frileuses de la
bande et il s'en inspira bientôt pour chercher à
l'éconduire.

— A force de patience, il organisa des cordonnets de
soie attachés au bas de la porte ouvrant sur la rue.
Les cordonnets aboutissaient à lui comme les fils
d'une araignée. Il suffisait de les tirer pour amener
d'affreux courants d'air qui faisaient hurler à tous
les porteurs de bas de soie un : *Fermez la porte!*
continu.

Appelé par les violentes protestations de ses ha-
bitués, Delaunay, qui tenait alors le café Anglais,
vient donner le coup d'œil du maître ; il ne tarde
pas à mettre la main sur les lacs tendus par Saint-
Cricq, il lui reproche vivement sa perfidie, et, comme
le coupable le prend sur un ton plus haut encore,
Delaunay, poussé à bout, tire la chaise de son ha-
bitué pour précipiter sa retraite.

Tombé rudement à terre, Saint-Cricq sort pour

faire fabriquer, par le menuisier le plus voisin, deux béquilles sur lesquelles il se traîne en criant jusqu'au cabinet du préfet de police, qui était alors M. Gisquet. — Il ne demandait rien moins que l'arrestation immédiate de l'affreux limonadier.

M. Gisquet éconduisit poliment l'excentrique qui usa de sa dernière ressource : il courut à l'Abbaye-au-Bois conter sa peine à Mme Récamier qui le consola de son mieux, mais qui eut, de plus, à subir une embrassade en guise de remercîments ; — une embrassade au cold-cream et au tabac.

Mis à la porte de tous les restaurants des boulevards dont il avait exaspéré la clientèle, Saint-Cricq chercha un dernier asile au *Banquet d'Anacréon*, vis-à-vis du théâtre de la Porte-Saint-Martin. C'est là qu'il fit certain souper dont la tradition ne périra jamais.

Par une belle soirée de février, on allait fermer la porte, quand le marquis s'insinue en réclamant un filet aux olives et des beignets de pêche. Le garçon apporte avec mélancolie un morceau de filet si racorni qu'à première vue, Saint-Cricq demande un huilier.

C'était plus facile à trouver qu'un beignet de pêche. — L'huilier paraît donc incontinent, mais le garçon recule épouvanté en voyant son client s'oindre d'huile à la mode les lutteurs antiques.

« Il ne faut pas moins, s'écriait-il, pour attaquer un morceau pareil. »

Au fond, cette onction, dont on a fait grand bruit

n'était qu'un variante de sa préparation au cold-cream dont j'ai parlé déjà.

Après tous ces exploits, sur la malpropreté desquels je n'insisterai pas, il ne paraîtra pas surprenant à nos lecteurs que M. de Saint-Cricq ait été assez longtemps pensionnaire de la maison de santé du docteur Voisin, qui soignait spécialement les affections du cerveau.

Une maison de santé commode d'ailleurs, d'où on pouvait sortir à sa guise.

Ainsi, notre marquis faisait de temps à autre arriver une voiture de poste à la grille. Il y montait en équipage de chasse, avec l'intention bien arrêtée d'aller tuer quelque gibier dans sa terre de Normandie. A peine installé, le chasseur s'endormait, le postillon, prévenu, faisait le tour du bois de Boulogne, et revenait chez le docteur auquel M. de Saint-Cricq déclarait avoir fait la plus belle partie du monde et ne s'être jamais senti plus dispos.

C'est en sortant de chez le docteur Voisin, par un jour de grande pluie, qu'il offrit l'hospitalité de sa voiture à lord Seymour, surpris par le mauvais temps sur la route de Sablonville.— Hospitalité peu écossaise, car il voulut, chemin faisant, lui emprunter un millier de livres, et, sur les fins de non-recevoir du noble lord, il le menaça de se faire sauter avec lui en approchant un cigare de sa provision de poudre de chasse. — Lord Seymour dut s'exécuter.

Tous ses emprunts n'avaient pas eu de prologues aussi féroces. Au cercle, il lui arrivait souvent de prendre à part un ancien ami en lui disant : « Vous savez, mon cher, combien ma famille me rationne, je suis obligé de faire la cour à mon laquais pour avoir un louis. C'est répugnant. Pour aujourd'hui, rendez-moi donc ce petit service. »

Les vingt francs obtenus, Saint-Cricq laissait passer une demi-heure et employait le même procédé pour trouver un second prêteur. Le beau côté de la chose était qu'une fois nanti d'une somme assez ronde, il gagnait le boulevard et voulait faire largesse au peuple. Il fallait là présence d'un valet tutélaire pour arrêter la distribution et pour rembourser les avances.

C'est à l'intéressante notice de M. Yriarte que je suis redevable de ces derniers détails.

M. de Saint-Cricq est-il bien mort ?

Après 1850, tous les biographes ont paru le croire, et je me rallierais à leur témoignage si je n'étais fort troublé par la lecture d'un ancien article de M. de Menou, qui a raconté minutieusement dans *le Diable boîteux*, en 1857, les détails de deux entrevues qu'il avait eues avec M. de Saint-Cricq, à Toulouse, pendant l'automne de 1856. — Peut-être le plus excentrique des marquis fait-il encore l'ornement d'une avant-scène de province.

LUTTERBACH

Lutterbach était un modeste tailleur de la rue Saint-Honoré. Fatigué de croiser les jambes sur un établi, il se créa « professeur de marche et d'exercices physiologiques, hygiéniques et *confortables*. »

. Ce nouveau métier était l'antipode de celui qu'il avait exercé jusqu'alors. Pour accentuer davantage la séparation, il fit paraître, en 1853, une brochure sur les *différentes manières de respirer*. Coup d'essai triomphal, car il lui valut un article et une visite d'Alphonse Karr, — Alphonse Karr que Lutterbach connaissait de réputation « comme première plume de France pour fronder les torts de la société. »

Ce patronage auguste décida de l'avenir du professeur de marche...

Et alors on vit paraître coup sur coup divers traités recommandables par des titres à sensation tels que la *Statique pour ne plus boiter* sans le secours des orthopédistes ; — les *Moyens naturels pour entretenir la chaleur aux pieds et aux mains ;* — la *Révolution dans la marche ou cinq cents moyens* naturels pour ne pas se fatiguer en marchant, et exercices physiologiques d'hygiène et d'agrément pour se conserver et s'améliorer les cinq sens. **Prix :** 5 francs.

Cent sous pour cinq cents moyens naturels de ne pas se fatiguer, sans compter le privilége inestimable de conserver et d'améliorer son tact, sa vue, son ouïe, son odorat et son toucher! cent sous, c'était réellement ne pas trop demander. On acheta donc un peu le volume, et on en parla beaucoup dans les petits journaux. Cette publicité avait bien quelques allures railleuses, mais, enfin, c'était de la publicité, et Lutterbach s'abandonna tout entier au charme d'entendre répéter son nom par des gens qui ne lui avaient jamais commandé le moindre paletot.

En homme qui comprenait la plaisanterie, il alla même remercier ses critiques et leur montra un homme encore vert, aux dehors un peu grêles, à l'œil un peu enfoncé, mais au sourire des plus aimables. On le questionna sur l'application de ses théories ; sans trop se faire prier, il consentit à faire quelques-unes des manœuvres recommandées dans ses livres. On fit cercle pour voir ce nouveau professeur exécutant la *tourniquette*, la *talonnette*, la *moulinette*, l'*ondoyante*, et mille autres figures non moins agréablement dénommées. L'imprimerie Voitelain, où il venait corriger ses épreuves, eut sa part de ces spectacles, et les typographes chargés du soin de composer notre notice se souviennent encore avec bonheur d'avoir vu Lutterbach en fonction.

Dès lors, il répudia son premier titre de professeur de marche, qui sentait trop le terre-à-terre ; il s'intitula « professeur de médecine naturelle spontanée, » et fit paraître, en cette dernière qualité, sa *Physiologie hygiénique pour bien se nourrir avec peu de nourriture, bien se désaltérer en buvant peu et éviter l'indigestion en cas de surabondance.*

Tout ce qui touche à l'estomac étant de la plus haute importance, je ne vois pas pourquoi je ne serais pas utile à mes contemporains en propageant quelques-unes des recommandations de Lutterbach. Voici donc la formule exacte de l'exercice auquel on peut se livrer en cas d'embarras des fonctions digestives :

« *Exercice de la scie.* — Il faut, étant assis, croiser le bas des jambes, mettre les mains dos à dos, les fourrer entre les genoux, les faire aller et venir, de même que la scie, en inclinant et relevant le haut du corps ; pousser et tirer les mains avec plus ou moins de force selon la pression des genoux, de même que, pour la scie, lorsqu'elle pénètre dans le bois plus ou moins dur. Puis la reprise d'haleine viendra soutenir la poitrine et fortifier l'impulsion qui fait attirer à soi. Le frottement des mains par vacillement causera moins de chaleur. Pour varier la sensation, les mains descendent aux mollets ou les bras pirouettent entre les cuisses. A table, la scie satisfera au besoin pour raviver le jeu des sens, qui a sa part dans l'action nutritive. »

Les recommandations précédentes ne s'adressent, bien entendu, qu'aux gastronomes, aux repus de ce bas monde. Quant aux consommateurs à bourse peu garnie qui, loin de craindre les indigestions, en sont réduits aux expédients les plus propres à tromper le

vide de leurs estomacs, Lutterbach est encore là
pour les sauver. Et pour cela il ne lui faut qu'un
simple légume : — le haricot.

Si on veut bien nous suivre un moment dans la
cuisine de l'auteur, on verra tout le parti qu'il a su
tirer de ce légume si décrié dans les colléges et les
sociétés délicates.

« Nous avons dirigé, dit-il, principalement nos expériences
sur le haricot, vu qu'il nourrit, fortifie et généralement plaît
au goût. Il ne manquait pour le bien qu'on peut retirer de cet
aliment, que le moyen de le rendre bienfaisant à tout le
monde. A cet effet, devant soutenir *l'élan de l'appétit* pour
augmenter la force digestive, nous disposâmes nos comestibles de manière à faire notre repas d'un seul trait, en commençant par la substance la plus limpide et comportant le
plus de chaleur, afin d'aider celle de l'estomac à ouvrir les voies
les plus reculées et y faire pénétrer la nutrition. C'est ainsi
que dans le monde les plus courageux s'avancent et les autres
les suivent. En conséquence, un poêlon dans lequel avaient
cuit les haricots reçut des tranches de pain, ce qui transforma
la sauce en potage; puis une légère tranche de rôti cuit à l'a-
vance vint se tiédir sur les haricots.

« Ce simple repas ainsi préparé, et l'estomac bien disposé,
nous commençâmes par l'espèce de bouillon, le pain à la suite,
puis les haricots, pour finir par le rôti. Il nous est arrivé, parfois, ayant bien soutenu *l'élan de l'appétit,* de nous sentir
presque soulevé rien que par la puissance de la force vitale :
ainsi que l'on voit un ballon s'élever de plus en plus à mesure
que le gaz y est introduit. »

Il est vrai que ce ballon plein de gaz offre un pé-
ril; — il peut crever, mais l'imperturbable M. Lutterbach prévient toute objection :

« Mais, dira-t-on, l'usage de légumes comme le haricot, ne peut être continué sans causer de l'échauffement et être parfois incommode ! Nous répondrons : Le haricot agit sur le principe échauffant des mauvaises humeurs ; chassez les mauvaises humeurs, le principe fortifiant des haricots vous profitera, et vous aurez moins de fermentations venteuses, qui d'ailleurs sont utiles au corps quand elles passent librement. — Faisons connaître que l'on peut, *pour les moments opportuns*, y donner cours au moyen d'une longue aspiration cadencée en accord avec un mouvement saccadé du milieu du corps. »

Du haricot et de ses conséquences atmosphériques, Lutterbach fut conduit naturellement à formuler une théorie nouvelle : *l'Art de respirer, moyen positif pour augmenter agréablement la vie.* Je ne sais si les exercices respiratoires recommandés dans ce livre sont positivement agréables, mais ils sont, à coup sûr, très-compliqués. Il y a la *nasale* qui produit les effets du chloroforme et qui fait passer les étourdissements ; il y a le *rhume factice* qui rétablit la transpiration ; la *toux gutturale* et la *quinte factice* qui préviennent les congestions du cerveau ; la *gravitation respiratoire* qui soulage les poumons ; le *roulis élastique*, conçu à l'imitation du cheval et du chien qui se roulent sur le dos dès qu'ils sont en liberté ; la *manivelle hygiénique* qui donne à tout le corps des sensations bienfaisantes ; la *boussole* qui fait tourner en tous sens de la façon la plus agréable, etc., etc.

Il y a même un chapitre qui aborde la guérison du poitrinaire. Ici, comme partout, il est un auxiliaire sur lequel Lutterbach insiste. C'est la gaieté,

« puissant moyen pour mettre en jeu la force vitale
et par conséquent l'augmenter. — Mais, ajoute-t-il
avec beaucoup de sens, la gaieté ne se commande
pas. Nous conseillerons les exercices sensitifs, hygiéniques, par lesquels on peut à volonté se donner
des sensations agréables. Peut-être que ce système
que nous espérons perfectionner, est le moyen de
guérison le plus certain pour un poitrinaire. »

Cette recette me fait songer à l'inimitable roman
d'*Aristide Froissart.* Là, se trouve, entre autres types
superbes, celui d'un jeune viveur, condamné par les
princes de la science à mourir dans un délai fixé. Il
mange gaiement son patrimoine pour n'avoir rien à
regretter dans cette vie. Cependant l'heure fatale
sonne, et le poitrinaire ne trépasse point; resté très-
vivant... mais complétement ruiné, il atteste l'impré-
voyance de l'art et la clairvoyance des Lutterbach de
l'avenir.

A ce propos, je dois attester que notre professeur
était conséquent avec ses principes. Il était gai quand
même. Je vois encore sa bouche dont l'éternel
sourire contrastait avec une figure naturellement
assez triste. Dans le dernier entretien que j'eus avec
lui, au mois de septembre 1856, il déclarait qu'il était
sans cesse à la piste de toute sensation joyeuse, et il
assurait s'en très-bien trouver. Il préparait alors sa
Médecine mécanique divisée en trois grandes leçons :
— *leçons de beauté*, — *leçons de santé*, — *leçons
d'impressions agréables.*

Ce qui n'empêcha le pauvre Lutterbach de mourir trois ans après.

Je ne sais si sa fille donne encore des leçons particulières auxquelles j'aurais donné beaucoup pour
assister. Que de promesses piquantes pour l'obser-
vateur étaient en effet contenues dans la simple annonce de ce cours sans précédent dans les annales
de l'enseignement particulier.

« Avis. — Les dames peuvent s'adresser à la demoiselle de
l'auteur pour les leçons sur *l'amélioration du visage*. A tout âge
on obtient un bon résultat, mais seulement avec plus ou
moins de rapidité ; d'ailleurs pour la sécurité des élèves, ils
peuvent ne rien payer avant d'avoir obtenu ce qu'ils dési-
rent. «

Je recommande les deux dernières lignes aux critiques les plus sévères ; elles leur prouveront que
Lutterbach put se tromper, mais qu'il fut de la plus
exquise délicatesse.

FIN

www.ingramcontent.com/pod-product-compliance
Lightning Source LLC
Chambersburg PA
CBHW070609100426
42744CB00006B/438